JN410276

객석에 앉은 자화상

백승국 수필집

백승국 수필집

객석에 앉은 자화상

객석에 앉은 자화상

백승국 수필집

1판 1쇄 인쇄/ 2016년 3월 25일
1판 1쇄 발행/ 2016년 2월 31일

지은이 / 백 승 국
펴낸이 / 우 희 정
펴낸곳 / 도서출판 소소리

등록 / 제300-2007-21호
주소 03068 서울 종로구 혜화로35, 302-1호
경주이씨 중앙회빌딩
전화 / 765-5663, 010-4265-5663
e-mail: sosori39@hanmail.net
www.sosori.net

값 12,000 원

*잘못된 책은 바꿔드립니다.

ISBN 979-11-5891-050- 1 03810

책을 내면서

평생 외길을 걸어왔습니다.
그 길이 천생 인연이고 가야 할 길이라고 자부했으나 어느새 시간이 훌쩍 흘러갔습니다.
30여 년이 지난 어느 날 갑자기 허전함을 느꼈고 다 끝나지 않은 이야기가 있다는 생각이 들었습니다.
'수필이나 써볼까'
그러나 그것은 교만이고 착각이었을 뿐, 수필은 한가로운 사람들이 심심풀이로 '붓 가는 대로 쓰는 글'은 아님을 알게 됐습니다. 시간이 지날수록 글쓰기가 힘들어집니다.
좋은 글 읽고 읽히는 수필을 쓰고 싶습니다.
뒤늦게 그려본 자화상이 초라해진 것이 아닌가 생각됩니다.

강범우, 권남희 교수님께 감사드립니다.

2016년 봄

백승국

▷ 차 례

1. 풋과일의 향기

2. 포로수용소에서 온 편지

3. 민드로 섬에서 생긴 일

4. 진인사대천명

1.

풋과일의 향기

객석에 앉은 자화상

'한 번만 더 사랑을 할 수 있다면'(윤대성 작, 임영웅 연출)

오랜만에 연극을 봤다. 고령화 시대에 처음 시도한 실버 연극이라고 했다. 작가와 연출가는 70대, 등장한 4명의 배우 나이도 평균 60세다. 어느새 찾아온 죽음에 대한 두려움. '당면한 노년 문제를 솔직하게 다루고 함께 생각하고 싶었다'는 것이 주제에 대한 작가의 변이다. 연출가는 누구나 느끼고 있는 늙음에 대한 갈등을 승화시켰다. '노인 드라마'라는 말 대신 '오래 살아온 사람들이 들려주는 지혜와 인생에 대한 이야기'라고 풀이한다. 거의 분장하지 않은 배우들, 무대는 초라했다.

시골 마루가 바로 장례식장이다. 굶어 죽은 자의 영정과 찌든 병풍, 술상과 향이 전부다. 사인은 알코올 중독에 영양실조였다. 항상 외로웠다. 가끔 집에서 약간 떨어져있는 구멍가게

주인과 나누는 몇 마디가 살아있음을 확인하는 일이라고 했다. 두 명의 문상객이 참혹한 죽음에 대해 입을 열었다. 충격과 분노, 독백과 무력함이 흐르고 있다. 죽마고우는 아니지만 꽤 많은 시간을 함께 지낸 친구들이다. "우리 나이에 누가 밥을 해주나. 알아서 때우는 거지"라는 짧은 대화에 웃음이 터졌지만 분위기는 점점 우울해진다.

200여 석 되는 좌석은 미리 예약을 해야 했다. 무대 아래 바닥과 통로에 임시 의자도 빈자리가 없다. 관객은 거의 나이 먹은 사람들이다. 남자보다 여자가 더 많은 것 같다. 옆에 있는 여자 관객이 나를 몰래 확인하더니 '혼자 오셨느냐'고 묻는다. 외로워 보인 모양이다. 그냥 웃기만 했다.

오래된 구문이다. 집에서 하루 세 끼를 먹는 남자, 3식(食)=새끼, 2식=군(君), 1식=씨(氏), 0식=님이란다. 인터넷 쓰레기통에서 주운 얘기라지만 목구멍에 가시가 박힌 것 같아 씁쓸했다.

문상객이 한 명 더 나타났다. 자기들 얘기가 계속된다. 빈 소주병과 텅 빈 냉장고 앞 바닥에 엎어진 채 발견됐다는 주검을 두고 또 흥분한다. 객석은 텅 빈 것 같다. 허전한 침묵이 가라앉는다.

평균수명 80세, 머지않아 100세 초고령시대가 오고 있다고 법석이지만 노인은 외롭다. 살아있다는 것이 지겹단다. 문상객의 고백은 계속된다. 밀려난 방송작가, 명예퇴직한 은행 지점장, 배우 등 한때는 잘 나간 사람들이다. 자랑스러웠다. 남보다 앞서 출세하는 것이 행복인 줄 알았다. 젊음을 즐겼다. 여자들도 자기를 존경했다지만 이제는 모두 지나간 얘기란다. '등산이나 다니면서 시간을 죽이고 있다'고 고개를 숙인다. 또 다른 이는 방송 트랜드가 바뀌어 '나이가 많은 자신은 푸대접 받고 있다'고 흥분한다. '아무것도 안하고 하루하루를 보내는 것은 지옥'이라고 하소연 하는 사람도 있다. 얘기는 끝이 없다. '노인이 되면 망각이 다 잊게 해줄 줄 알았는데 오히려 기억하고 싶지 않은 일까지 생생해진다'고 한탄한다.

한결같이 지나간 시간에 얽매여 헤맨다. 죽음에 대한 검은 그림자가 자신을 덮치고 있는 것 같다고 신음한다. 내 나이가 몇이든 상관없는 나이가 됐단다. 죽음만이 저만치 모퉁이에서 나를 기다리고 있을 뿐이라고 몸을 떤다. 비탈에 서 있는 늙음의 자화상이다.

퇴직한 후였다. 점차 스스로 왜소화 되고 있음을 느꼈다. 이유 없이 초조해지고 짜증이 났다. 소외감과 무력함에서 무엇이든 저지르고 싶은 반감이 꿈틀거렸다. 누군가의 말인가, 늙어감에도 기술이 필요하다고 했다. 막연한 두려움부터 하나씩 털어버리고 다시 시작하기로 했다. 몸뚱어리뿐만 아니라 마음도 재점검하기로 했다.

미국 『타임』지의 에세이스트 로저 로젠 불라트가 조언한 나이 드는 처세술에는 이런 얘기가 있다.

'나쁜 일은 그냥 흘러가게 내버려 두라' '자신이 잘하지 못하는 분야를 파고들지 마라' '먼저 사과하라' '화해하라' '도움을 주라' '당신만 생각하고 있는 사람은 아무도 없다' 등등.

노인만을 위한 나라는 세계 어디에도 없다는 사실을 나도 받아들였다. 한때 일본에서는 혼자 사는 노인들이 가벼운 부상으로도 도움을 받지 못해 굶어 죽고, 고독한 사람이 늘어나 사회문제가 된 적이 있다고 했다. 우리나라에서도 혼자 사는 노인들이 100만 명이 넘었다. 노인 5명 중 1명꼴이다.

무대는 죽은 자와 이혼한 전처가 등장하면서 출렁인다. 토라진 여인의 입을 통해 부부간의 비밀이 조금 들통나지만 죽은 사람은 말이 없다. 친구인 문상객들은 전처를 비난하고 화제를 돌리면서 화장 문제를 상의한다. 무대는 끝까지 객석을 짓누르고 있다. 검은 상복을 입은 전처의 진혼무가 펼쳐진 후 연극은 막을 내린다. "한 번만 더 사랑할 수 있다면!" 하고 문상객들은 외치고 있으나 객석은 허전하다.

서교동 산울림 소극장에서 신촌 전철역까지 걷기로 했다. 4월초가 지났으나 진눈깨비가 내린다. 미끄럽고 스산하다. 몰아친 바람에 벚꽃 잎이 허공에서 난무하다가 시궁창으로 처박힌다. 개선장군 같이 북치고 나팔 불고 찾아왔던 봄은 그렇게 가고 있었다. 오랫동안 소식이 없는 친구에게 전화라도 해야겠다.

작은 거인

하늘과 땅 사이

융프라우행 등산열차가 숨을 고르더니 산자락을 돌아섰다.

한쪽에는 측백나무에 둘러싸인 아담한 마을이, 반대편에서는 끝이 보이지 않는 호수가 출렁이고 있다. 비둘기 둥지 같은 알프스의 통나무집은 보이지 않았으나 하얀 집들이 숲속에서 얼굴을 내밀고 있어 정겹다. 윤기 나는 초원에는 몇 마리의 젖소들이 아침 햇살을 즐길 뿐 그곳에는 세상을 미치게 했던 '주저앉은 소'도 외눈박이들의 광기도 느낄 수 없어 평화롭다. 잠시 주춤했던 열차는 다시 유럽의 정상을 향해 경사가 20~40도나 되는 험악한 돌산을 기어오르고 있다.

깔끔하게 정장을 한 사나이가 미소를 띠고 다가왔다. "곤니찌와" 또 일본말이 들렸다. 통명스러운 나의 반응에 "코리아

안녕하세요." 자세를 바꾸더니 다시 엄지손까지 쳐들고 있다. 경제대국 덕분인가 설치는 일본 사람들 때문인지 서양 사람들은 동양인을 만나면 으레 일본말 인사부터 한다. 코리아 북이냐 남쪽이냐 따져 당황했던 시간은 흘러간 것 같아 그나마 다행이라는 생각이 들었다.

알프스등산의 베이스캠프인 인터라켄(Interlaken) 동역을 떠난 열차는 2시간 만에 세계에서 제일 높은 위치에 있는 융프라우요흐역에 도착했다.

주변은 의외로 한적했다. 기차역사도 없다. 벌떼같이 달려드는 극성스러운 상인들의 호객소리도 들리지 않았다. 역 입구 동굴바위에 매달려 있는 산뜻한 판넬이 관광객의 눈을 끌고 있다. 짙은 코발트색 바탕 한가운데 겹쳐있는 주황색 판에는 'Jungfraujoch, Top of Europe' 더 이상 지저분한 안내나 설명은 필요없다는 자신감 같다.

스위스는 자기들 것이면 모두가 세계의 최고가 아니면 유럽의 정상이고 유네스코가 인정한 세계유산이라고 자랑한다. 알프스의 정상은 원래 프랑스와 이태리 사이에 있는 몽블랑(4807m)이지만 스위스는 100여 년 전에 알프스 중턱에 700m가 넘는 전망대를 세우고 기차를 끌어들여 알프스의 최고봉은 융프라우라고 내세우고 있다. 정상에는 우체국을 비롯하여 빙하를 깎아 만든 얼음 궁전, 장비를 동원하지 않고 사람들의 손만으로 16년 공사 끝에 완성했다는 7km나 되는 터널 등, 온통 명품 전시장 같다.

전국토의 70% 이상이 석회암 덩어리고 해발 2000~4000m나 되는 높은 봉우리가 100여 개나 돼 사람들이 살기에는 어려운 땅이었으나 스위스는 실망하거나 포기하지 않고 전국을 다시 디자인했다. 알프스와 만년설, 빙하와 계곡은 하늘이 준 선물이라고 소중히 여겼고 사람들은 지혜로웠다. 계곡마다 다리를 놓았고 굴을 뚫었다. 100여 개나 되는 기차역을 거미줄같이 연결, 한 해에 천여 만명이 넘는 관광객을 끌어들이고 있다. 바위뿐인 땅을 휴양지, 스키장, 등산과 하이킹코스 등 종합 관광지로 바꾸어 놓았다. 스위스는 우리나라 크기의 절반도 안 되는 작은 나라이지만 거인임에 틀림없다.

유럽의 정상은 사납거나 까다롭지 않아 평범한 언덕같이 여유가 있었다. 사람들은 이 일대를 '하늘과 땅' 사이라고 성스럽게 불렀고 '젊은 여인의 어깨'라고 사랑한다. 알프스는 교만하지 않았고 모든 사람들을 품어주고 있었다. 만년설은 여인의 가슴같이 부드러워 영원한 휴식처다. 자연을 정복했다는 오기는 인간들이 저지르고 있는 또 다른 교만일 뿐이다. 알프스는 시기하지 않았고 악다구니를 칠 줄도 모르는 것 같다. 오후 5시가 넘자 한기가 돌았다. 서둘러 하행열차에 몸을 실었으나 창밖은 어느새 칠흑이다.

우리나라에서 제일 높은 곳에 있다는 추정역(855m)을 찾아 간 적이 있었다. 청량리역에서 떠난 태백행 무궁화호는 덜컹덜컹 4시간 만에 목적지에 도착했으나 기차는 멈추지 않고 지나쳤다. 종점인 태백에서 다시 택시를 탔다. 3월 하순인데도 그늘에는 눈얼음이 그대로 얼어붙었고 길은 질척거렸다. '한국의 정상'은 볼 것도 쉴만한 곳도 없었다.

눈을 감고 차창에 지도를 다시 그리기 시작했다. 열차는 한반도의 등줄기인 백두대간을 달리고 있다. 금강산— 설악산— 태백산— 소백산을 누비더니 다시 지리산을 향해 내닫고 있다. '금단의 땅' DMZ행 테마열차는 서울역에서 떠나고 있으나 외국인 관광객들도 일주일전에 예약을 해야 했다. 지구상에서 하나뿐인 살아있는 역사의 현장은 누구나 가고 싶어 하는 정원으로 단장했다.

아침에 떠났던 출발역에 도착했다는 안내방송이 흘러나오고 있다— 꿈이었다. 손을 꼭 잡고 있던 아내는 내 몸을 흔들었고 하루 종일 유럽의 정상을 안내해준 백박사는 또 카메라 플래시를 터뜨리고 있다.

바젤(Basel) 산책

바젤에서 여정을 푼 지 10여 일이 지났다. 10월 하순 우리나라에서는 온 동네가 들떠 있는 단풍철인데도 이곳에서는 하루걸러 하늘이 변덕을 부렸다.

새벽에 또 비를 뿌려 길은 촉촉하다.

바젤, 스위스 북쪽 독일, 프랑스와 직접 국경을 경계하고 있는 작은 도시는 차분하고 정원 같은 인상을 주고 있다. 도심은 숲속에 있다. 이끼 낀 성벽, 추억이 깃들어 있는 18세기쯤의 고풍스러운 건물과 아기자기한 돌계단. 현대적인 건물과 아파트가 함께 어울려 있는 전경은 도시의 품격을 한층 높여주고 있다.

500년(1509~1564) 전 종교개혁을 주도했던 장 칼뱅의 후예들답게 정시마다 들려주는 은은한 성당의 종소리는 처음 찾아온 낯선 사람을 편안하게 맞아주고 있다. 행인들은 이방인에게 무관심해보였으나 어떤 여인들은 냉랭해 코가 높은 부잣집의 안주인들 같다는 생각이 들었다. 스위스 사람들은 보수적이고 배타적인데 특히 동양계 사람들을 싫어한다고 했다. 한국사람이라고 하면 입양아냐고 묻는 사람도 있다고 했다.

70년대 초 중동취재를 끝내고 귀국하는 길에 제네바를 찾았을 때 받았던 충격은 오랫동안 지워지지 않았다. 모래밭에서 악전고투하고 있는 우리 건설 근로자들의 모습이 눈앞에 어른거리고 있을 때 국제도시가 보여주는 인상은 레만호의 얼음조각만큼 시렸다. 겨우 '보릿고개'를 넘긴 가난한 나라의 신문기자 눈에 비친 스위스는 당연히 쉽게 접근 할 수 없는 피안의 땅이었다.

산행계획을 뒤로 미루고 시내로 향했다. 마침 추수감사절이 끝나고 이어진다는 '겨울을 준비하는 장(일종의 가을 축제)'을 찾아가는 길이다. 공원 잔디밭에서는 유치원 꼬마들이 교통안전 놀이를 하고 있다. X형 형광등 벨트 재킷을 입고 이동 신호등을 따라 go- stop을 되풀이 하고 있다. 축제장을 찾아가는 중 건널목에서 마주쳤던 초등학생들의 모습이 떠올랐다. 모두 안전모를 쓰고 자전거를 타고 달려오던 어린이들이 나를 발견하는 순간 일제히 멈추었다. 신호등은 없었으나 습관적으로 사방을 두리번거리는 중이었다. 한 손을 들고 나에게 먼저 건너가라고 신호하고 있다. 차량은 물론 지나가는 행인들도 보이지 않는 마을길이었다.

바젤대학 주변 공원 일대에서 벌어지고 있는 축제는 언뜻 보기에도 잔칫집이라기보다는 정겨운 이웃들이 뒷마당 선술집에 모여 각자가 마련한 음식을 나누고 겨울얘기를 나누는 것 같아 보였다.

이리저리 자리 잡고 있는 수백 개의 점포 중에는 간혹 옷 종류, 어린이 장난감, 기념품 부스도 있었으나 대부분은 먹거리 가게다. 비슷비슷한 붕어빵 축제를 열고 시끌시끌 흥청거리는 우리의 가을 축제를 생각하면서 찾아간 스위스 5대 도시 중의 하나인 바젤의 잔칫집은 너무나 조촐해 서운했다. 즐기고 있는 메뉴 역시 부잣집 상은 아니다. 아이스케이크만한 소시지 한

개, 빵 한두 개, 소시지를 찍어 먹는 소스, 1인분에 4프랑(약 5000원). 커피, 와인 등 음료는 별도로 한 잔에 역시 4프랑이다. 이 사람들이 좋아하는 군밤은 8개에 5프랑으로 꽤 비싼 것 같다. 전통 음식이라는 퐁듀(Fondue)집을 찾았다. 등산용 알코올램프에 올려놓은 손잡이 달린 뚝배기에 치즈와 흰 포도주를 부어 넣고 끓인 다음 꼬챙이로 빵조각을 찍어먹는 것이다. 눈 쌓인 알프스 골짜기에서 겨울을 지내는 생활 습관에서 유래된 것이 아닌가 생각해 봤다.

엉뚱하게도 고서책방과 벼룩시장에서나 볼 수 있는 폐품 점포가 눈에 띄었다. 다 써버린 약병, 빈 깡통, 초콜릿 상자, 작은 바구니, 약간은 궁기가 들었으나 상담(?)하고 있는 손님이나 주인은 밝은 표정이다.

30여 년 간 스위스에서 성직생활을 하고 있는 김목사의 말이 떠올랐다. 세계에서 제일 잘 사는 나라이지만 사람들은 남녀노소 따질 것 없이 스크루지 뺨치는 구두쇠들이라고 했다. 세계적인 다국적 기업에 근무한 지 3년이 된 백박사의 경험 역시 농담만은 아닌 것 같다. 핵전쟁이 터져 온 세상이 폐허가 되어도 바퀴벌레와 스위스 사람들은 살아남을 것이란다. 퇴근 후 밖에서 약속이 거의 없다. 모임이 있어도 간단한 와인 한 잔이다. 불가피한 경우에는 집에서 저녁을 먹고 나타난다고 했다.

한국학생을 만났다. 바젤대학에서 교환학생으로 공부하고 있는 여대생의 말이다. 대학은 들어가기도 졸업하기도 어렵다. 학생의 특기와 취미는 공부뿐이다. 항상 검은 점퍼에 청바지, 어깨에 매달려있는 PC가방에, 이용하는 교통수단은 걷기 아니면 자전거뿐이다. 눈에 익혀왔던 백화점, 명품가게, 노래연습장이나 헤어숍, 점보는 집도 없는 바젤대학촌은 재미없고 따분할 수밖에 없었다.

대학은 엘리트 육성이 최우선이다. 고교졸업생 중 상위권 10%만 대학진학이 가능하고 나머지 90%는 전원 의무적으로 기술교육을 받아야 한다. 평화상은 없고 물리학, 화학상, 의학상 등 자연계통의 노벨상 수상자가 13명이나 된다.

어두움이 내려앉고 있었으나 계속 시내를 걷기로 했다. 소음도, 공해도 없는 정원 같은 도시의 밤 풍경을 기대했지만 도심은 침침하다. 기차역과 백화점 지역을 제외하고는 가로등도 간판도 보이지 않았다. 점포의 조명은 길 쪽이 아니고 집안으로만 비추고 있다. 네온사인은 법적으로 규제를 하고 있다. 어떤 형태든 에너지 절약, 생활권 보호에 깜깜한 하늘(dark sky) 보기 운동이 목표다. 인간 중심 사람들이 살고 있는 도시임에 틀림없다. 항상 격투장 같이 흥분하고 대장간마냥 시끄러운 서울의 풍경이 지나가고 있다. 잘산다는 것, 앞서가는 나라의 또 다른 얼굴이 내 앞에서 버티고 있었다.

축, 고희

한구석이 텅 빈 것 같다. 자신이 유일한 주인공이라고 자만했던 착각 때문인가. 강 건너 불이라고 치부했던 고희를 맞고 보니 허전해진 것이다.

허사장은 화사한 난을 보내왔다. 화분에 매달려 있는 '축, 고희(祝, 古稀)' 리본이 유별히 눈에 띈다. 물장구 치고 숨바꼭질하던 홍박사는 그 옛날 동심과 함께 축하카드를 부쳐 왔다.

'믿어지지 않는 나이 칠순이 다가 왔구나. 많은 시간이 흐른 것 같다. 그래도 구애 받지 말고 좋은 글 많이 쓰고 그때같이 세상을 밝게 보자구나.'

당나라 시인 두보(杜甫, 712~770)는 「곡강시(曲江詩)」에서 '인생칠십고래희'라고 예찬했으나 이미 49세에 외로움을 읊었다. '남쪽마을 아이들은 늙고 힘없는 나를 얕잡아 보네, 타는 입술

목마르게 외쳐도 소용없고 돌아와 지팡이 짚고 스스로 한탄한다'고 늙음을 아쉬워했다.

우리나라 평균수명은 79.1세로 선진국 그룹인 OECD의 78.9세를 앞서고 있다. 80세 시대가 닥친 것이다. 65세 이상되는 노인이 총인구의 9.9%(2007년)를 차지해 고령화시대가 닥친 것이다. 이제 늙음이 주는 이미지는 축복이나 여유보다는 어두운 그림자가 더 짙다. 원로에 대한 존경심이나 노익장, 생에 대한 예찬 등은 희미한 추억일 뿐이다. 노인 인구가 급증하고 있다는 사실은 침체된 사회를 의미한다. 젊은이들의 고용은 감소되고 반대로 부양인구는 늘어나 경제의 발목을 잡고 끝내는 성장을 마비시킬 수도 있다는 두려움에 노인들은 특히 당황하고 있다. 경제력 상실로 노인들은 궁핍하고 소외감을 느끼고 학대와 비하, 심지어는 폐해론까지 감수해야 할 존재가 되어가고 있다. 노인 10명 중 9명은 고혈압, 당뇨 등 만성질환으로 시들어간다.

전철 안에서 신문을 줍는 늙은이나 무료급식소 앞에 줄지어 있는 초라한 노인들의 행렬은 모두를 어둡게 한다. 『동의보감』에서는 늙음은 3악(惡)이라고 했다. 눈이 침침해지고 치아가 빠지면서 기억력까지 쇠약해지는 자연적인 현상이다. '철의 여인'으로 불리는 영국의 전 수상 대처(82세)가 치매로 투병을 하고 있다는 외신이다. 강한 리더십을 자랑하던 미 전 대통령 레이건(2004년 사망)도 죽기 전 10년간 치매를 앓았다. 시들어가는 늙음 앞에는 자랑스러웠던 과거의 영광도 부의 축적이나 존경 받던 명예도 추억일 뿐이다.

시인 백거이(白居易)는 노래(老來)― 늙는 것은 운명에 맡기고 편안히 거쳐 가면 그곳이 고향이라고 허무해 했다. 늙음은 숙명적이다. 누구에게도 선택권이 없다. 태어날 때부터 약속되고 있는 삶의 과정으로 노인들만의 책임은 아니다. 고대 인도인들은 50세부터 75세까지를 임서기(林棲期)라고 했다. 이 나이가 되면 사회와 가정으로부터 벗어나 한적한 숲속에 들어가 자신의 구원을 위해 노력하는 시간이다. 속세를 떠나 집착, 소유에 대한 미련과 교만을 털어버리고 삶을 정리하는 시간이라고 했다.

매달 모임을 갖는 고희들의 화두는 어느 곁에 고령화 사회가 됐다. 현재의 60세대에서 80세대는 부모를 섬기는 마지막 세대이면서 자식들로부터 소외당하는 세대라고 우울해 하고 있다. 노인은 나무의 껍데기 같은 역할을 해야 한다는 안간힘의 자존심도 강하게 제기되고 있다. 꺼칠꺼칠한 껍데기는 어느 곳에도 쓸데가 없는 존재라고 폄하당하고 있으나 그 껍데기를 벗겨내면 나무 몸체는 고사할 수밖에 없다는 주장이다. 몸은 늙었어도 마음은 젊다는 자신감도 강조되고 있다.

평균수명이 늘어나 정년 후에도 최소한 20년에서 30년을 더 살 수 있는 시대가 되었지만 오래 사는 것만이 자랑은 아니다.

건강과 최소한의 경제적인 여유는 필수조건일 수밖에 없다. 자식 등 주위로부터 홀로서기는 고독한 고령을 구제하는 방법이 될 수도 있다. 얽혔던 매듭을 풀고 이해, 용서하고 떠나야 한다는 종교적인 충고도 서로 하고 있다.

화제는 다양하다. 잔소리는 금물이다. 간섭은 또 다른 갈등을 불러온다는 의견도 강하다. 미 하버드대학교의 심리학 교수인 엘렌 랭거(Ellen J. Langer) 박사는 70~80대의 노인들에게 특별한 과제를 주었다. 각자 20년 더 젊었다고 생각하고 그렇게 행동할 것을 주문했다. 경이적인 결과가 나왔다. 노인들은 당장 얼굴 표정이 밝아졌고 걸음걸이도 젊은이들 같이 당당해졌다. 청력, 시력에도 변화가 일어났고 혈액검사 결과 면역력이 늘어났다.

세상은 색안경 같다. 검은 안경을 쓰고 바라본 세상은 침침하지만 초록색 안경을 쓰면 싱싱한 숲이 된다. 노인들만을 위한 세상은 이 지구상에 없다. 갈 곳도 쉴 장소도 여유 있는 공간도 마련하지 못했지만 살아있음은 축복이다.

석양길에 들어선 사람들은 자신들의 손익계산서를 따져본다.

원로 한의학자인 류근철 씨는 KAIST에 부동산과 골동품 578억원을 기부했다. 그렇지만 류박사의 딸 한 분은 셋방살이를 면치 못하고 있단다. 재산 싸움을 하는 형제가 있는가 하면 경비행기까지 동원 골프장에서 호화한 결혼식을 올리는 기업인도 있다. 2층 단독주택에 살고 있는 남한산성 할머니(80세)는 피눈물 나는 전 재산 3억원을 어린이 재단에 기부했다. 인생의 마지막 망년회를 즐기는 사람들도 있다.

고령화시대를 살아가는 방법에 모범답안은 없다. 평생 내가 그려온 자화상은 어떻게 비추어질까 생각해 본다. 늙었다는 어두운 상(像)을 지워버리고 분수를 지키는 일은 노인들의 미학일 수 있다. 늙은 푼수는 노인을 더 슬프게 해줄 것이기 때문이다.

'축, 고희' 리본을 다시 바라보면서 무엇인가 영원한 유산을 남겨주고 싶다는 생각이 들었다.

첫 싹의 사계

텃밭에도 봄이 왔다. 도심의 봄은 백화점 쇼윈도에서 먼저 유혹했으나, 텃밭의 봄은 밭갈이부터다.

부지깽이도 뜀박질한다는 계절이다. 밭고랑 정리가 우선이다. 화학비료나 제초제는 올해에도 사용하지 않을 생각이다. 대신 축산비료와 한의원에서 모아준 보약 찌꺼기를 실어 날랐다. 농사용 비닐은 필수 자재다. 땅의 수분을 유지하고 잡초와 싸우기 위해서다. 오이, 고추, 토마토, 가지 모종은 입하가 지나 심는다. 어설픈 아마추어 농군이 욕심을 내고 일찍 심었다가 냉해를 입어 망친 적도 있다. 감자는 이미 심었으나 고구마 순은 손이 달려 뒤로 미루었다.

모종을 심은 지 일주일이 지나자 봄이 뿌리를 내린 것 같다. 생기가 돈다. 봄은 새싹이며 부활이다. 우유병을 물고 있는 아기를 바라보는 어머니의 꿈이다.

처음부터 어설픈 농사일을 원했던 것은 아니었다. 서울생활을 정리하고 언제인가는 언덕 위에 하얀 집을 지으려 했다. 땅을 놀려 투기꾼으로 몰릴 수는 없었다. 텃밭일은 심심풀이나 욕심이 아니라는 사실을 알게 된 것은 시간이 한참 지나서였다. 멍이 들고 찔리고 낫에 베이고 땡벌의 공격을 받고 병원신세를 지기도 했다. 농진청에서 권유하고 있는 퇴직자들의 텃밭관리 강의까지 들었으나 농사는 탁상에서 펜으로 되는 것은 아니었다. 원주민들의 도움도 기대와는 달랐다.

그때의 봄은 아침 햇살같이 화사해 자랑스러웠다. 해방이 된 다음해인 1946년 4월 어느 날부터 나는 무지개를 그리기 시작했다. 충주사범학교 부속초등학교 개교 1회 입학생이 된 것이다. 남녀 각각 20명씩 전교생은 40명뿐 모두가 한식구가 된 것이다. 처음 듣는 학교 이름 덕분에 왜놈 학교에 다닌다고 욕하는 애들도 있었다. 부모님은 물론 선생님들은 천방지축의 첫 싹들을 다듬어 가셨다. 5학년 때 빨갱이들이 쳐들어와서 헤어졌던 동무들은 더 씩씩한 모습으로 가을에 다시 만났다. 학교 운동장과 교실은 군인 아저씨들이 차지했어도 우리는 실망하지 않았다. 교장선생님 관사, 향교, 군청 앞 느티나무 그늘은 바로 교실이고 운동장이었으나 새싹들은 즐겁기만 했다. 놀이는 깡통차기, 가위바위보, 말등타기, 개천 뛰어넘기, 계집애들 고무줄놀이 훼방하기가 전부였지만 첫 새싹들은 염소 새끼마냥 날뛰기만 했다. 새싹은 나무가 되고 숲을 이루면서 점점 재목이 돼 갔다.

매실 알이 제법 통통 해졌다. 빨간 앵두는 쳐다보기만 해도 터질 것 같다. 토마토, 오이도 여름 뙤약볕을 즐기고 있다. 텃밭 주변에 심어놓은 몇 그루의 과실나무에도 여름이 익어간다. 소독을 하지 않아 살구, 자두는 올해도 벌레들의 몫이 될 것 같다. 여름은 병충해와 잡초와의 전쟁이다. 제초제 대신 아파트 건설현장에서 주워온 마대나 천 조각을 밭고랑에 덮어 놨으나 전쟁은 계속된다. 잡초 같은 인간이라고 하더니 지독한 생명력에 감탄할 뿐이다.

장마가 닥치기 전에 고추 지주대도 세워 주고 하늘 높이 올라가기를 즐기는 오이와 토마토는 사닥다리를 만들어 준다. 씨앗을 뿌려 놓기만 하면 저절로 열매가 열리는 것으로 알고 100여 평에서부터 시작한 텃밭은 시간이 지나면서 줄어들기 시작했다. 절반에서 다시 30여 평으로 내려가 지난해부터는 20평으로 줄였다. 주말 농장 규모는 5~6평이 최적이라고 했으나 일단은 버티기로 했다. 퇴직하면 고향에 내려가서 농사나 짓겠다고 떠드는 건방진 후배가 또 나타나면 이번에는 가만두

지 않을 생각이다. 그나마 텃밭의 식구들과 점차 가까워지고 있는 것은 다행이다. 개미라는 놈들은 독종이다. 자기들의 영역을 침해당하면 목숨을 건다. 결사적이다. 감자를 캘 때나 잡초를 뽑을 때면 항상 당하는 일이다. 하얀 알을 물고 허둥지둥하는 놈, 무작정으로 나를 공격하는 놈 등 전쟁터가 된다. 제초제를 사용하지 않고 있는 나의 공을 전혀 무시하는 놈들이다. 지렁이와 굼벵이는 분명 보약 덕을 본 것 같다. 엉덩이에 난 뾸마냥 웃자란 가지나 순은 어릴 때 바로 제거해야 우환이 없다는 사실도 텃밭에서 알게 됐다.

여름은 도전이다. 거만하고 독불장군, 자기주장만 한다. 때로는 교만하고 시행착오를 저지르지만 안색도 바꾸지 않는다. 포기할 수 없는 젊음이 있기에 여름은 값이 있는 것이다. 혼자, 그것도 초행인데 한라산을 올랐다가 폭우 속에서 길을 잃고 15시간이나 산속에서 헤매고 방황한 때도 여름이었다. 100대 1 이상이 되는 좁은 문을 뚫고 통과했다고 기고만장 했다. 막걸리를 주전자 채로 꿀꺽 넘기면서 날뛰더니 어느 날, 장가간다고 사발통문을 낸 지가 9개월도 안됐는데 첫딸 돌이라고 또 서두른다. 뻔뻔스러운 젊음이다.

땀의 열매 가을이 왔다. 뿌린 만큼 거두는 계절이다. 또 고추 돌림병이 번질까 걱정이다. 기껏해야 20여 포기 심었으나 우리 식구는 고추장까지 담글 수 있어 충분하다. 대추, 감, 밤이 영글어 가고 내 마음도 익어간다. 가을마다 좀도둑들이 지나간다. 몇 년 전에 몹시 춥던 겨울에 죽어 이제는 한 그루만 남아 있는 밤나무다. 거름을 주고 쓸데없는 가지는 미리 손질해 가을에는 제법 탐스러운 알밤이 툭툭 떨어졌는데 올해에도 알밤을 털어간 것이다. 그렇다고 CCTV를 설치하고 망을 볼 수도 없으니 약이 오른다. 여름방학 때면 항상 할아버지 집을 찾는 것이 과제였다. 고향 동무들과 어울려 참외, 수박서리에 신바람이 났던 기억이 떠오른다

들쥐와 까치놈들도 영악한 놈들이다. 이놈들은 텃밭 주인이 일주일에 한두 번 찾아온다는 사실을 다 알고 있는 것이다. 대가리나 주둥이를 끄덕이고 사방을 살피면서 잽싸게 도둑질을 하는 이 놈들을 생각하면 기가 찬다. 까치는 이로운 새라고 잘못 알고 있었다. 김장용 배추는 첫 얼음이 얼기 전까지 버티지만 물기가 많은 무는 추위에 약하다. 올해에도 말뚝 만한 무가 10개만 되면 느긋한 겨울이 될 것 같다. 오랜만에 단호박 농사가 잘됐다. 호박도 보약을 좋아하는 것 같다. 단호박 두서너 덩이 들고 한의원 원장 찾아가 고마움을 전하고 자랑할 생각이다.

가을은 두 얼굴이다. 헤어지는 시간이다. 우수수 바람이 불 때면 노란 은행잎이 길을 잃고 방황한다. 빨간 단풍잎을 좋아했던 둘째 딸이 결혼한 지 꽤 됐다. 새삼스럽게 허전함을 느낀다. 연이어 고3 뒷받침하고 자식들 결혼 청첩장 몇 장 보내고

보니 어느새 귀밑에 가을이 내려앉았다는 것이 아내의 말이다.

시인이 노래한다. 가을은 가슴으로 맞이해야 된다고….

> 10월이 가면 눈발이 날리기 시작하고 굴뚝 지붕 위로 날아가는 비행기 저무는 하늘을 뒤로하고 아이들은 집으로 돌아가는데 10월이 가면 빛 바랜 꿈들이 떠오르고 행복했던 시절을 함께 나누던 그대는 내 품안에 있는 듯한데…
>
> – 배리 매닐론, 「10월이 가면(when October goes)」

마냥 걷고 싶은 계절이다. 나만의 목소리도 듣고 싶다.

인내의 계절 겨울이 왔다. 다시 한 해가 가고 있다. 겨울은 기다리는 시간이다. 텃밭의 양기가 땅속으로 기어든다. 겨울은 봄, 여름 가을이 다 가버린 뒤 찾아오는 시간이다. 피할 수 없는 자연의 섭리다. 바람이 몰아칠 때마다 배추꼬리, 고춧대, 고구마, 호박 줄기가 썰렁한 밭에서 이리저리 뒹굴고 있다. 얄밉지만 선심을 써 남겨 두었던 2~3개의 감이 앙상한 나뭇가지에 매달려 떨고 있다. 극성을 부리던 잡초들도 생을 다하고 태초의 고향인 흙으로 돌아갈 준비를 하고 있다.

소년은 다시 꿈을 꾸고 농부는 내년에 심을 씨앗을 보관하지만 노년은 길고 겨울이 춥다. 한파주의가 몰아친다. 고혈압, 전립선, 악성 콜레스테롤, 허리 통증 등등…. 눈은 침침해지고 소리는 잘 들리지 않는다. 점심 후에는 어김없이 약봉지를 꺼내던 선배들이 간 지 오래됐다. 만년 청춘을 자랑하던 변강쇠도 다시는 만날 수 없다.

텃밭인 양평의 겨울은 서울에 비해 더 춥다. 몇 년 전에는 구멍가게에 진열돼 있던 소주병이 얼어 터졌다고 뉴스거리가 되기도 했다. 그래도 봄은 올 것이다. 새봄에는 또 다른 첫 싹을 위해 텃밭 주변에 몇 그루의 묘목을 더 심을 생각이다.

이웃사촌

일본의 얼굴- 며칠째 일본을 보고 있다. 대지진과 여진, 쓰나미, 방사능 공포 등 하늘이 무너지고 땅이 갈라졌다. 생과 삶이 묻히고 떠내려간다. 비행기, 기차, 공장, 자동차 그 어느 것도 남아 있는 것이 없다. 공포와 죽음, 폐허뿐이다.

TV뉴스를 자정까지 듣고 새벽에는 다시 조간신문을 찾았다. 우리 특파원들이 전해 주고 있는 생생한 현장 소식을 유심히 읽어 봤다. 눈에 띄는 뉴스 중 하나는 일본인의 질서에 관한 내용이다. 혼돈과 절망 죽음 앞에서도 냉정하리만큼 침착하다고 전했다. 평소 익힌 교육과 민족성 때문인 것 같다. 피해주민들은 배급소 앞에서 마냥 자기차례를 기다리고 있다. 슈퍼에서는 필요한 생활필수품을 단 한 개씩만 사가고 있고 구조대원들은 차분하다. 새치기, 고함지르기, 싸움하는 모습은 없다. 당연히 도둑질 하는 모습도 보이지 않는다. 누구를 원망하거나 변명하지도 않고 있다.

뉴욕타임즈, 가디언, 신화사 통신 등 세계적인 해외 언론사에서도 일본인을 극찬했다. '극단적일 정도로 침착하다', '도쿄의 절도 있는 차분함에 감탄하고 있다', '일본만큼 대비가 잘된 곳은 어떤 나라에도 없을 것'이라고 전하고 있다. 일본같이 불행한 천재지변을 만났다면 우리는 어떻게 대처했을까 생각해 본다. 일본의 언론은 선동하거나 독자를 흥분시키지 않는다는 사실도 알게 됐다.

나라와 국민의 운명이 달렸던 천안함 피폭과 연평도 비극이 벌어졌을 때 우리 언론은 무엇을 어떻게 어디까지 전달했을까 다시 짚어본다. 몇 년 전의 수입 쇠고기 파동 등을 비롯해 최근의 구제역, 물가파동, 전월세 난을 마치 스포츠 경기 하듯 날뛰지는 않았는가. 일본의 언론은 국가 이익이 최우선이라고 했다. 침착한 언론은 절망 앞에서 버티고 있는 국민을 차분하게 안아 주고 조용히 눈물을 닦아주고 있는 것 같다.

서울, 어느 대형마트에서 '통 큰 닭튀김'을 싸게 판다고 했을 때 우리는 난리가 났었다. 또 언론이 흥분했다. 업자는 하루 판매량을 조절했고 사람들은 삿대질했다.

사치한 백화점 명품 현장, 자살한 어느 여인 이야기 등 흥분할 일이 너무 많다. 현직 올챙이 기자 때 초청을 받고 일본에 취재 출장을 간 적이 있다. 60년대 말 가난한 나라의 젊은 기자 눈에 비친 일본은 두려움의 대상이었다. 당황했다. 일본 사람은 우리와 비슷한 동양인인데 어떻게 이렇게 잘살고 있는지 우울해졌다. 일본을 따라가는 데는 20년에서 30년 이상이 걸릴 것이라는 분석을 하고 있을 때다. 며칠간의 주마간산이었으나 보고, 듣고, 느끼고, 모든 것이 너무 부럽고 두려웠다. 제비같이 질주하는 신간센, 동경시내 지하상가에 산같이 진열되어 있는 생필품 등도 놀라웠으나 동경대학 앞 책방을 찾았을 때는 경악했다. 규모가 큰 것은 물론 그 많은 책, 도서관 같은 분위기, 책방을 찾은 학생들 남녀노소 모습에 전율을 느꼈다.

얼마 전까지만 해도 일본 관광객이 늘어나고 있다고 박수를 쳤다. 백화점, 남대문, 동대문, 신촌, 이대 근처에는 특히 일본의 젊은 여인들이 모여 든다. 한류를 타고 인사동이나 한국 드라마 촬영지 등을 찾는 일본의 젊은이들도 계속 늘어나고 있다. 인기 연예인의 해병대 입대, 신고를 하던 날, 현장에는 일본 팬들도 난리를 쳤다. 일본은 다양하다.

대통령을 비롯해 정부, 언론사, 병원, 의사, 프로야구선수, 영화배우, 글 쓰는 이들이 일본 돕기에 캠페인을 벌이고 있다. 이웃의 불행을 모른 척할 수 없는 이웃사촌의 인정이 흘러넘쳤다. 119구조대원들은 일본 재난지역으로 달려갔다. 이제는 모두가 일본을 도울 때라고 외치고 있다.

일본의 재앙을 보면서 우리와 일본의 얼굴을 비교하고 있다.

여진과 원전공포 등 시간이 지나면서 인내심이 강한 일본인도 흔들리고 있다고 전했다. 그래도 일본은 곧 눈물을 삼키고 다시 주먹을 쥐고 일어날 것이라고 나는 생각한다. 일본은 냉정하고 차분했다.

또 다른 얼굴 - 일본은 '이상한 나라'다. 4월말에 들었던 얘기다. 일본 일부 지역 숙박업소에서는 원전피해 주민들을 받아들이지 않고 '왕따'시킨다는 뉴스다.

3재(災)가 일본을 덮친 지 2달이 지났다. 매사 교과서 안내서(mamual)대로 질서정연하게 움직인다는 일본이다. 국민들은 절대적으로 정부를 믿는다고 했다.

또 다른 호소도 있었다.

"우리는 고립, 굶주리고 있다. 일본 언론에서 물자 부족 상황을 제대로 보도해 주지 않고 있습니다. 세계 언론에서 우리 상황을 보도해 도와 주십시요."

원전 인근마을인 미나미 소마(南相馬)시의 시장이 유튜브 동영상으로 온 세상에 애걸한 SOS 내용이다. 알 수 없는 일이다.

항상 서로 화(和)를 강조하고 있는 일본인들이다. 인간들은 혼자서 자기 멋대로 본능만으로는 살 수 없다는 철학이다.

재앙 직후에도 비슷한 소식이 전해졌다.

"약이 없어요, 추워요, 배가 고파요, 피난소에 담요가 부족해요."

개인소득 수만 달러, 세계에서 세 번째로 잘 살고 강하다는 나라의 재앙 앞에서 들리는 비명이다.

우리는 역사는 잊지 말자, 하지만 당장은 도와주자, 눈물겹도록 정다운 이웃이다.

코흘리개 꼬마에서부터 연말에나 들리는 자선냄비소리 심지어는 독립유공자, 정신대 할머니까지 '가까운 나라'의 슬픔을 안타까워했다. 캠페인이 벌어지고 있던 최초 10여 일 동안 우리의 얼굴은 찾을 수 없었다. 구제역 피해, 물가폭등, 전월세 파동도 모두 실종됐다. 무려 600여 억 원의 성금이 쌓였다. 수백만 마리의 소, 돼지가 생매장 될 때 도왔던 온정의 수십 배가 되는 거액이다.

메아리는 '독도는 일본 땅'일 뿐이다. 단지 뒤통수를 맞은 것이 아니다. 조폭을 짝사랑하다 칼 맞은 비참한 꼴이 됐다. 내년학기부터 공급키로 한 11가지 교과서에서는 '다케시마(독도의 일본이름)는 일본의 고유영토이지만 한국이 '불법'으로 점거하고 있다고 또 생떼를 부렸다. 일본은 그런 나라다. 마쓰모토 외상은 참의원에서 당당했다. 독도가 공격 받으면 일본은 즉각 대응하겠다고 했다. 독도는 분명히 일본 땅이 됐다. 한일 강제 병합의 원흉인 이토 히로부미 초대 조선통감의 5세손의 말이다. 피는 속일 수 없다. 질문을 한 의원은 일본자위대 출신이란다. 진주만을 기습 공격했던 가미가제 특공대의 후예일지 모른다.

명성황후 시해사건(1895), 화성 제암리교회 학살사건(1919) 등 흉악범들의 행패는 끝이 없었다. 88년 전 관동(關東) 대지진 때에는 7천여 명의 한국인들이 한 많은 죽임을 당했다. 조선인이 폭동을 일으킨다고 교활하게 선동, '조센징 학살'을 유도했던 일본 순사는 그 공으로 장관까지 지냈다.

일본은 먼 나라다. 죽음의 방사능물을 몰래 방류하면서, 가장 피해가 우려되는 가까운 이웃에는 오리발을 내밀었다. 국제법 위반은 아니라고 변명했다. 유감이다. 앞으로는 사전에 알려주겠단다. 겉과 속이 다른 이중성격자는 가까운 이웃이 될 수 없다.

일본은 그런 나라인가, 남에게 폐(弊)를 끼치는 일을 병적으로 증오한다는 일본인들의 어그러진 얼굴이다.

일본의 얼굴을 우리가 성형수술 할 수는 없다. 어쩌다 생각나면 한 곡조 부르는 유행가 마냥 '독도는 우리 땅'만으로는 소용이 없다. '조용한 외교', '천지개벽을 두 번 해도 독도는 우리 땅'이라는 소리만으로도 독도는 우리 땅이 될 수 없다.

국내 어느 대기업체의 운동팀 봉사단 300여 명이 그동안의 인연을 버릴 수 없어 수백명 분의 음식을 마련 일본고등학교를 찾아 고통을 받고 있는 이웃을 위로했단다. 젊은이들의 우정이다. 사원들이 만든 '친구야 같이 뛰자' 노래 동영상도 전달했다. 가깝고도 먼 나라, 멀고도 가까운 이웃, 일본의 또 다른 얼굴이다.

빨간 카네이션

노랫가락이 흥을 돋운다. 상모돌리기 농악대도 신바람이 났다. 아파트 단지 농구코트에서는 잔치가 한창이다. 스탠드, 주변 나무그늘에는 가슴에 빨간 꽃을 매단 어버이들이 녹음을 맛본다. 인정이 흐른다. 꾹 누른 막걸리 사발이 오고가고 과일, 과자, 떡, 먹을거리를 마련한 며느리, 딸들의 손길이 분주하다.

5월은 꿈이며 희망이다. 감사와 은혜다. 어린이날, 어버이날, 스승의 날. 싱싱하다.

그래도 축제 마당에서 어머니는 보이지 않았다. 목소리도 안 들린다. 보고 싶어도 찾을 수가 없다. 손에 잡히지 않는다.

어머니 그리움에 허전하고 가슴이 답답하다.

눈가에는 칙칙한 안개가 막을 내렸다. 잘 울지 않는 애, 돌부리에 넘어져도 오뚝이 같이 벌떡 일어난 녀석이 울보가 됐다. 수십 년 즐기던 술, 담배를 무 자르듯 끊었다고 독한 놈이라며 야유를 받았던 인간이 이제는 눈물이 흔해졌다. TV나 영화를 보다가도 신문에서 '어머니들' 얘기를 듣다가도 코가 찡해진다.

천방지축 10대 사나이는 평생 두 번만 울면 된다고 떠들었다. 오기와 신념이 눈물을 말렸던 20대, 30대~50대에는 고독이니 눈물 따위는 사치일 뿐이었다. 나이테 덕분인가 세월에 잠겼던 눈물 항아리가 흘러넘친 것 같다. 길을 걷다가도 눈시울이 축축해진다.

유치원이 끝난 손녀가 똑바로 할아버지 집으로 왔단다. '감사합니다, 고맙습니다' 리본이 달린 빨간 카네이션 송이를 가슴에 달아준다. 겹쳐진 두 손은 배에 얹고 배꼽인사를 하는 모습이 귀엽고 아기자기하다.

"저를 키워주시어 감사합니다."

왜 그때는 어머니 가슴에 한 송이의 꽃도 달아주지 못했을까 헛기침을 한다. 눈물이 고이는 것 같아 슬며시 고개를 들고 베란다로 향한다.

엄마는 커다란 나무
아무리 자꾸만 졸라도
언제든 하나는 꼭 주지
열매만 아니라 꽃이랑 이파리도

우리 때문에 벌거숭이가 되어
나중엔 가지마저 떼어주겠지

- 이원수

중환자실에서도 군에 간 자식 걱정을 하셨다는 어머니의 마음, 그립다.

마르지 않는 눈물, 항상 무엇이 그렇게 바쁘고 잘났기에 어머니를 허전하게 했는지 알 수 없다. 기껏해야 1년에 한두 번 설날이나 추석 당일 새벽에 느닷없이 고향을 찾았다가는 몇 시간 만에 훌쩍 상경하던 날, 어머니의 당부는 이어졌다. '술, 담배 끊고, 교회 잘 나가고…. 운전 조심하라'고.

잔소리가 아닌 어머니의 마음이었음을 알게 되었을 때는 어머니가 보이지 않았다.

자식에 대한 정성, 헤아릴 수 없는 손길과 희생- '신은 우리들 다 보살필 수 없어서 어머니라는 존재를 보내주셨다'고 했다. 그립다. 보고 싶고 듣고 싶다.

주말에 흰 꽃 대신 빨간 카네이션 송이를 안고 어머니 산소를 찾아갈 생각이다.

어머니는 항상 내 가슴속에 살아 있다.

샹제리제 거리의 밤

도심은 연말 분위기에 젖어 출렁인다.

출장 후 귀국하는 길에는 가끔 파리를 스쳐간 적은 있었으나 유럽에서 가장 낭만적이라는 샹제리제의 야경을 찾기는 쉽지 않았다. 루브르박물관을 단 2시간 만에 주파, 역사적인 상징물이나 기념적인 유산을 찾아 '증명사진'을 남기는 것이 우선 급했다.

70년대 초반 연말 샹제리제 거리를 처음 찾았다. 중동에 진출한 우리의 건설업체 현장을 돌아보고 귀국하는 길이었다. 거리는 너무 충격적이었다. 낭만적이거나 황홀하다는 것만은 아니었다. 바보들의 우화 같은 이야기이지만 그때는 분명히 사건이었다. 수천 수만 개의 불빛에 도시는 꿈을 꾸고 있었다. 연말에 교회에서 크리스마스트리를 장식한 것은 본 적이 있으나 가로수 머리 위에서 밑동까지를 네온사인으로 장식한다는 것은 상상도 못했다. 밤낮 가리지 않고 사막에서 뛰던 건설근로자의 모습과 오버랩 되었다. 우울한 밤이었다.

지난 연말 오랜만에 샹제리제 거리의 밤을 다시 찾았다. 가로수도 스트레스를 받는다고 하더니 새로 디자인한 도시는 다른 얼굴로 관광객을 유혹하고 있다. 스타일이 바뀐 것이다. 단순한 가로수 조명이 아니고 하나의 설치 작품 같다. 가로수 장식 대신 세 개의 날씬한 쇠장대를 엇갈리게 세우고 그곳에 형광등을 장식했다. 타원형으로 위에서 아래로 내린 3단계 형광등 곡선을 빨강, 파랑, 백색으로 바꾸어 사람들을 끌어들이고 있다. 연말 먹거리 시장도 열렸다. 흰 천막으로 된 점포는 크기 등을 통일, 마치 몽고인들의 작은 텐트 같았다. 거리의 장터 메뉴는 익숙해진 것들이다. 빵, 도너츠, 아이스크림, 과자 종류, 치즈 조각, 마실 것은 포도주, 맥주, 커피 등이다. 점포 앞에는 선술집 식탁(?)을 마련해 놓고 있어 운치가 더 있다.

인영이와 함께 더운 포도주(Vin Chaud)를 한 잔씩 사들고 다시 걷기 시작했다. 학업과 직장생활로 10여 년 해외에서 지냈던 딸과 함께 걷고 있는 샹제리제 밤거리는 찬란했다. 자식은 품안에 자식이라고 했으나 반드시 그런 것은 아닌 것 같다.

개선문에서 콩코드 광장까지는 1.8km, 사람 물결이다. 한 해에 2천만 명 이상의 관광객들이 찾는단다. 흰둥이, 검둥이,

머리에 터번을 두른 사막 사람들, 나 같은 옐로우들, 만국 인간 시장 같다. 고성이나 소음이나 호객소리 술꾼들의 악다구니는 들리지 않는다. 즐기는 것도 먹는 것도 문화라고 했는데 우리는 아직도 서투른 것 같다. '하잘것없는 일에도 목숨을 건다' 소리 지르고 삿대질하고 할퀴고 끝내는 서로 헐뜯고 함께 무너진다.

대로변 명품 부티끄를 찾았다. 눈요기다. 루이비통, 크리스찬 디올, 구찌, 샤넬, 이브 생로랑 귀에 익은 것들이지만 더 이상 놀라울 것은 없다. 치맛자락이 인천공항세관에서 자주 말썽 피우고 있는 고가품들이다.

중국 젊은이들을 자주 만났다. 가는 곳마다 붉은 오성기가 펄럭인다. 한때는 일장기 부대가 휩쓸던 곳이다. 언제부터인가 '잠자는 사자'(중국)들이 기지개를 켜더니 이제는 흙먼지를 내고 달리고 있다. 관광도 국력임에 틀림없다.

포도주 한 잔에, 네온사인 불빛에, 사람 물결에 취했는지 나도 흔들린다. 프랑스 사람들은 개성이 강하고 현실주의다. 남의 일에는 아예 관심이 없어 섹스 스캔들이 없는 나라라고 했다. 300개 이상 되는 치즈 종류만큼 말도 많고 배타적이지만 분명한 철학이 있단다. 힘(La Force), 프랑스(France), 위대한 국가(La Grande Nation)는 그들의 자존심이다. 샹제리제의 네온사인 불빛은 하루아침에 만들어진 것은 아닌 것 같다. 밤공기가 써늘해졌으나 관광객들은 줄어들지 않고 있다.

광화문에서 출발, 시청 광장을 지나 남대문 길을 걷는다. 다시 남대문을 지나 오르막길을 찾는다. 대낮같이 찬란한 네온사인 빛이 음습한 골목길을 파헤치고 있다. 서울의 밤도 환상적이다. 꿈을 꾸는 시간이다.

천의 얼굴 프라하

루지니에(Ruzyně) 국제공항은 의외로 규모가 작고 차분했다.

동구(중유럽)에 대한 선입관으로 약간은 서먹했으나, 시내로 들어가면서 점점 풀어졌다. 1천년 됐다는 고도(古都)- 옛 도읍이 낯설은 이방인을 다소나마 아늑하게 맞아준다.

12월 초 방금이라도 눈, 비가 쏟아질 것 같다. 스산하다.

그나마 대부분의 볼거리가 예약한 민박업소에서 걸어서 30분~1시간 거리 안에 있어 다행이다. 구 시청사와 천문시계탑은 골목길 건너편에 있다. 700여 년 전 고딕양식으로 지은 시청은 고풍스럽다. 내부에는 집무실, 역사박물관, 예배당이 있고 외부 벽 한 면은 두 개의 천문시계로 장식했다. 카메라에 초점을 맞추고 있는 관광객들이 광장을 메우고 있다. 포옹을 하고 있는 젊은 연인, 더운 포도주 한 잔에 푸근해진 이들, 모두 행복해진다.

인형, 달력, 시계 등이 복합적으로 구성된 작품은 장난감 같아 재미있다. 매시 정각마다 얼굴 창문을 열고 12명의 사도들이 나타났다가 사라지고 있다. 대단한 예술품이라기보다는 어른들의 소꿉장난감 같아 흥미롭다.

야경이 더욱 환상적이라는 까를교는 도심을 가르는 블바타강물에 떠내려가듯 출렁이고 있다. 빨강-파랑-노랑 삼원색으로 조명된 다리는 차량통행은 금지, 보행자 전용이다. 길이가 520m에 폭이 10m나 돼 광장 같다. 다리 양쪽 난간에 있는 예수 수난십자가를 비롯하여 성자 10여 명의 조각상이 발걸음을 멈추게 했다. 노점상, 바이올린을 켜는 거리의 예술가, 관광객들도 함께 들뜬다. 한강에도 멋진 관광용 다리가 한두 개 걸려 있으면 원더풀 코리아가 될 것 같다.

프라하의 뿌리 역시 기독교다. 크고 작은 성당, 광장과 동상, 자랑스러운 보배는 종교가 지배하던 중세가 남겨준 선물이다. 승자든 패자든 조상이 남겨준 유산이 탐난다. 서양문화의 진원은 칼(Knife)과 쇠스랑(Fork)이다. 공격적이다. 열등의식인가 우리의 것은 정서적이고 소극적이라는 생각이 든다. 특히 유럽지역을 올 때마다 느끼는 편견일 것이다.

오밀조밀 때 묻은 구시가지의 골목은 미로다. 두 어깨가 서로 부딪힐 것 같아 더 다정스럽다. 지하에 있는 자리가 서너 개뿐인 아주 오래된 레스토랑에는 백발이 된 노부부가 소곤소곤 정겹다. 아기자기한 의자가 삐걱거리는 카페, 각종 뮤지엄, 영화관, 기념품 상가 안에서 낯선 얼굴이 또 주춤했다.

신시가지를 찾았다. 도시는 골목길 하나로 갈라져 그곳이 바로 그곳 같으나 바츨라프 광장은 명(明)과 암(暗)이 엇갈리는 두 얼굴이다. 오늘의 번영과 어제의 슬픔이 잠겨있다. 현대적인 고층건물, 고급스러운 레스토랑, 은행, 환전소, 여행사, 대형 패스트푸드점 등이 즐비하다. 대낮같이 밝은 대로, 따스한 가로등 밑에는 익살스럽게 치장한 광대가 독주 무언극을 한다. 발 앞에 모자를 뒤집어 놓고 색소폰을 불고 있는 젊은이 앞에 동전을 던지고 보니 나도 멋쟁이가 된 것 같아 어깨를 폈다.

'프라하의 봄'으로 상징되는 광장은 우울한 성지다. '인간의 얼굴을 한 사회주의'운동을 비롯 민주화를 외치던 시민들은 피를 흘렸다. 탱크를 앞세운 소련과 바르샤바의 붉은 침략자들의 총검 앞에 저항하지 않았다. 대학생은 분신자살로 항거했다. 우리의 얼굴이 또 어른거리고 있다.

미완성의 4·19학생 혁명에 이어 군화소리- 유신반대 그리고 고문과 분신자살 민주화를 이루어낸 날. 역사는 우리를 슬프게 했다. 프라하는 그때의 트라우마(Trauma) 상처를 완전히 치유 받지 못해 가끔 악몽에 시달린다고 했다. 산화된 젊음을 비롯하여 당시의 희생자들의 넋을 기리는 기념비는 말이 없다.

그 앞에 놓인 몇 송이의 붉은 장미가 비를 머금고 있다.

사람들은 표정이 없다. 무뚝뚝하고 경계하고 있는 것 같다. 다시 찾고 싶은 프라하- 두 번 다시 만나고 싶지 않은 체코인들이라는 혹평을 받을 만하다. 변화에 쉽게 적응하지 못하고 회의적이다. EU에 가입했으나 아직 유로화 대신 자기들의 화폐인 코룬을 강요해 여행자들은 불편하다. 자존심이 강하지만 열심히 살기보다는 소득에 관계없이 즐기면서 살자는 주장이 앞선다고 했다.

여행객들이 자주 찾는 과일 등 먹거리 노점상은 오후 6시면 완전히 철수했다. 밤 8시면 레스토랑도 문을 닫아 첫날은 골탕을 먹었다. 김화백과 함께 저녁 먹을거리를 찾아 나섰다. 밤공기는 더 싸늘해졌고 약이 올랐다.

칭찬인지 야유인지 한국인들은 돈 잘 쓰는 사람, 일본은 돈 많은 나라. 제일 좋아하는 나라는 일본, 우리는 두 번째 손님이란다. 체코대학에 개설했던 조선어과는 한국어과로 문패를 바꾸었으나 사람들은 시장경제에 익숙하지 못해 당황한다고 했다. 큰 상권은 러시아 마피아가 휘어잡았고 동네 슈퍼 같은 상술은 중국, 월남 사람들의 것이라고 했다. 교민들이 설 자리는 별로 없는 것 같다. 겨우 마련한 민박 업소나 한국 음식점이 목줄인데 가끔은 아주 작은 이해를 둘러싸고 서로 고소, 고발에 삿대질을 한단다. 고질병이다.

떠나기 전날에는 프라하 성을 찾았다. 현직 대통령 관저가 있어 긴장했으나 관광객들에게는 여유를 보였다. 수백 년 된 왕국과 직영 미술관, 축축한 정원과 성당, 볼만한 것들이 많았다. 단체 관광객이 넘쳤다. 중세-근대-현대가 녹아들어 있는 프라하는 천의 얼굴이다. 한 해에 1억 만 명의 관광객을 끌어들인다고 하니 부럽다.

숲속 이야기

대관령 자연림을 다시 찾는다. 태초의 하늘과 땅, 때 묻지 않은 계곡과 숲이 그곳에 있었다. 길을 서둘 필요는 없다. 차가 떠나면 다음 차를 기다리면 그만이다. 성남 야탑터미널에서 떠난 강릉행 버스는 미처 3시간도 안돼 바다냄새가 배어있는 정류장에 나를 내려준다.

지난해 7월 중순 수필의 날 잔치는 대관령 자연림에서 열렸다.

'수필의 역사를 짓다'

전국에서 달려온 200여 명의 수필, 글쟁이들의 미소가 숲속으로 번졌다. 늦은 밤 반나절에 서슴없이 '철수'가 됐고 '영희'를 찾는다. 나는 밤새 콸콸 쏟아 내리는 계곡에 빠져 잠을 설치기도 했다.

산림청이 전국에 조성, 관리하고 있는 자연림은 38개소가 되지만 대관령이 첫째, 최고라고 했다. '최고의 휴식 공간- 국민의 휴양지'가 목표란다.

50년에서 200년이나 된 소나무군에서는 자연의 기(氣)가 흘러 넘쳤다. 90여 년 전에 직접 사람 손으로 씨를 뿌려 키워냈다는 금강송은 특산품이라고 자랑한다. 조상들은 우리의 문화는 '소나무 문화'라고 예찬했다. 소나무는 나무 중 나무다. 소나무 아래서 태어나 소나무와 더불어 살고 소나무 그늘에 영원히 잠을 자는 것이 보람이라고 했다.

계곡소리, 바람소리, 나무 냄새가 향기롭다. 어느새 가을을 부른다. 큰 나무, 작은 나무, 굽은 덩굴 큰집에 기대어 사는 이끼까지 어울려서 함께 살고 있는 숲이 부럽다. 키다리, 난쟁이들, 잎이 풍성하거나 바늘같이 뾰족하거나 따지지 않고 서로 믿고 끌어준다. 숲은 공생, 공존, 자연의 섭리를 알고 있다. 편가르고 아웅다웅 삿대질하는 존재는 인간뿐인 것 같다.

버킷 리스트(bucket list)는 죽기 전에 꼭 해야 할 일이나 달성하고 싶은 목표를 적어놓은 목록이다. 내 버킷에는 무엇을 채울까 내 두 팔로는 품을 수 없는 키 큰 소나무에 물어본다. 인생에서 가장 많이 후회하는 것은 그동안 살면서 했던 일이 아니고 했어야 할 일이라고 한다.

점점 숲속 산길로 들어선다. 매표소, 숲속의 집, 목교 앞 야영장을 거쳐 초막 철교 위에서 발을 굴러도 본다. 나무가 빽빽

이 들어선 한 쉼터, 노루목이를 지나 다래터로 향했다. 산길은 여유가 있었으나 가끔은 땀을 흘리게 하는 경사길도 이어졌다. 다리가 긴 노루들이 낮밤을 즐겼던 은신처인가 노루목으로 가는 길은 좁고 잡풀이 무성하다.

숲속 나무들도 사연이 있어 정겹다. 상수리나무는 임진왜란 때 피난 가던 왕이 도토리묵을 먹고 살았다고 해서 상수라고 했다. 뽕나무 열매인 오디를 먹으면 소화가 잘돼 '뽕뽕' 냄새가 나와 뽕나무란다. 오리나무는 오리와는 관계가 없다. 옛날에는 나무를 5리(2km)마다 심어놓고 거리를 측정해서 불린 이름이다.

대관령 숲은 여유가 있다. 폭우, 산사태, 태풍까지 겹쳐 물난리가 났으나 여전히 의젓했다. 살아가는 방법, 조건 등 환경이 좋은 나무는 제 구실을 한다. 조건이 나쁜 '비탈에 선 나무'의 나이테는 촘촘하고 옹이가 박혀있어 목재로는 뒤떨어진다고 한다. 인간들에게도 적용되는 법칙일 게다. 몸통이가 짙은 풀색인 잠자리 한 마리가 길을 안내하고 있다. 하잘것없는 한해살이도 살아가는 방법, 적응하는 지혜를 알고 있다.

가끔 빗방울이 떨어진다. 비 뿌리는 숲은 아름다운 추억인가, 어두운 그림자인가는 생각하기 나름이다. 후회할 필요는 없다. 그것은 그대로 삶의 흔적이기에 값있게 간직하고 싶은 유산이다. 산길은 도둑재(도둑놈들이 도망가던 고개인가)를 돌아 출발했던 안내센터 앞에 멈추었다. 지친 사람, 꿈을 꾸는 사람은 숲으로 간다. 치유제가 있고 주치의도 있었다.

안토시닉이 말하는 '우리를 슬프게 하는 거만한 사람들'을 숲에서 만나고 싶다. 숲은 오물을 정화하는 힘을 가지고 있다. 여름이 떠날 채비를 하고 있다. 언제나 듣고 싶은 숲속 이야기가 손을 흔들고 있었다.

풋과일의 향기

예식이 끝날 무렵이다. 신랑, 신부가 무대 위에서 정답게 입을 맞추고 있다. 흔히 볼 수 있는 장면이기에 덤덤하다. 양가 부모들은 물론 하객들도 그럴 수 있다는 분위기다.

지난주 강의 시간에서도 키스가 얘깃거리가 됐다. 학생들 대부분이 웰에이징(참 늙기) 세대이기에 약간은 어색해진 것 같았으나 강의실 분위기는 훈훈해졌다.

뭉크나 쉴레의 표현주의를 설명하던 중이다. 항상 공격적인 강의를 즐기는 권 교수는 죽음, 섹스, 키스 등 자신의 내면에 잠겨있는 감성이나 사고를 꺼내 솔직하게 써보라는 주문이다. 한밤중에 홍두깨비 방망이라더니 황당하면서도 희미해진 기억들이 슬며시 고개를 들고 있는 것 같아 피식 웃음이 났다. 입술은 항상 쉽게 꺼지지 않는 불씨를 안고 있는 것 같다.

키스는 나이프와 포크를 애용하는 정복자들의 유산이었으나 언제부터인가 우리 젊은이들도 즐기는 게임이 된 것 같다. 서양 사람들에게 입맞춤은 자연스러운 감정의 표현이다. 애정, 화해, 존경이나 위로, 격려 등의 의사를 전달하는 일이라고 했으나 동쪽 예의가 바른 나라에 살고 있는 사람들은 남녀 간의 감정을 그렇게 내놓고 까발리지는 않았다.

점심시간에도 화제는 계속됐다. 여자와 입을 맞추면 당장 결혼을 해야 하는 일로 알았다거나 애가 생길까봐 못했다는 등 능청거렸다.

허튼소리를 듣다보니 희미해진 화면들이 얼른거렸다. 스페인 내란을 배경으로 한 영화 「누구를 위하여 종을 울리나」에서의 상큼한 장면은 인상적이었다. 삶과 죽음이 엇갈리는 전쟁터에서 만난 애절한 연인들은 서로의 애정을 확인하고 싶었으나 첫 시도에서 실패, 당황한다. 순진한 스페인 소녀인 마리아(잉그리드버그만)는 미국의 정보원인 연인(케리쿠퍼)의 코가 너무 높아 입을 제대로 맞추지 못한다. 어떤 한국영화 장면에서는 바람기가 있는 허장강이 단골 다방에서 커피를 한 잔 시켜 놓고 수작을 편다. "미스 킴 오늘 심심한데 뽀뽀나 해볼까." 하고 음흉한 속내를 드러낸다.

오래전 일이다, 테헤란에서 열린 국제 산업박람회 취재를 끝내고 귀국하는 길에 파리에 들른 적이 있다. 거리의 화가들이나 가난한 시인들의 산책길이라는 몽마르트 언덕을 찾았을 때 첫 인상은 여인들의 밀애 장소 같았다. 걸어도 앉아 있어도 잔디밭에서 뒹굴어도 입맞춤뿐이다. 로마의 스페인 대사관 주변 돌계단 역시 같은 풍경이다. 오드리 햅번이 주연한「로마의 휴일」로 더 유명해져 관광객들이 자주 찾는다는 휴식 공간이다. 여행객들을 상대로 캐리커처를 그려주는 화가에게 내 얼굴을 맡겨 놓았으나 눈은 계단으로 향했다. 공격형, 가벼운 입맞춤이나 포옹, 어항 속 물고기마냥 다정한 뽀뽀 등 정신이 없다. 30세가 넘도록 노총각 신세를 면치 못한 나는 몰아친 강풍에 밀려 휘청하고 있었다. 어디에서인가 덜커덩 오토바이 굉음이 들렸다. 얼굴이 화끈해지고 끝내는 사나이의 상징까지 꿈틀거려 당황했다.

배부른 돼지보다는 배곯은 소크라테스에게 박수를 치고 플라토닉 러브나 떠들고 있던 우리 세대는 애정표현에 둔했다. 분위기뿐만 아니라 여유도 없었다.

입맞춤에 지진아였던 나에게도 뒤늦게나마 봄이 왔다. 취직을 하고 약혼을 한 것이다. 40여 년 전 일이다. 영화에서 듣고 보아왔던 장면을 흉내내다가 혹시 전과자가 아닌지 의심을 받은 것도 그때다. 약혼녀의 집이 수원인 것은 항상 나를 초조하게 했다. 서울역- 수원간의 총알택시는 30분이 안 걸렸지만 일주일에도 몇 번씩 고속도로에서 목숨을 걸어야만 했다. 항상 기사 마감시간에 스트레스를 받고 통금에 쫓겼으나 수원행은 6개월 이상 계속했다.

섹스(Sex) 스피드(Speed) 스크린(Screen) 시대가 됐다고 한다. 키스도 대량생산- 소비- 대량 폐기당하는 박리다매 상품이 된 것 같아 씁쓸하다. 언젠가 아이스링크를 개장하는 도심의 빙판에 수십 쌍의 연인들이 껴안고 키스 묘기를 자랑한 적도 있다.

지구상의 립스틱의 절반은 사내들이 먹어 치운다고 했지만 입술은 알사탕마냥 달콤하고 뜨거운 불덩어리만은 아니다. 배반, 분노, 보복 등 야누스적 두 얼굴도 있기에 때로는 잔인하다.

꽃샘이 분분하다. 풋과일 같이 싱싱했던 그때 그 입술 향기가 그립다.

키스를 먹고 싶다.

얼 굴

첫인상이 날카롭다고 한다. 얼굴에서 직업적인 냄새가 나는지 전형적인 기자, 글쟁이라는 말을 자주 들었다. 철판을 깐 것도 아닌데 일단은 내 얼굴이 훈훈해 보이지는 않은 모양이다. 얼굴은 자기의 특산품인데 사람들은 각자 나름대로 값을 매긴다.

아주 옛날에는 귀엽다고 했다. 학기 때마다 바뀌는 교생선생님(충주 사범 부속 초등학교)들은 장난꾸러기지만 곱슬 상고머리에 밝은 얼굴, 똑똑하다고 칭찬했다. 이럴 때면 항상 으쓱해졌다. 거울 앞에서 다시 머리를 빗고 손세수까지 하면서 즐거워했다.

한때 장안에서 용하다고 소문난 관상쟁이를 찾을 때였다. 신수알기와는 관계없이 호기심과 장난기가 꿈틀거린 것이다. 남의 운명을 이러쿵저러쿵 떠들고 있다는 인간이 어떤 인물인가 보고 싶었던 것이다. 작당한 일당은 3명, 사회초년병으로 이제

막 출발한 젊은이들이다. 외교관을 꿈꾸는 공무원, 유학을 준비 중인 여유 있는 행운아, 나머지는 올챙이 기자, 한결같이 하늘은 낮고, 세상은 좁다고 기고만장하는 20대들이다.

'심판관' 앞에 얼굴을 내밀었다. 한글 이름과 생년월일(양력)을 물었다. 나를 계속 응시하고 있다. 2~3분 정도 시간이 지났을까 예상치 않았던 돌발사태가 벌어진 것이다.

"이 건방진 놈들, 당장 꺼져라, 누굴 시험하려고 왔느냐!"

당황했다. 관상쟁이는 누구에게나 반말을 하고 독설을 퍼붓는다고 했다. 약간은 심통이 났지만 후퇴할 수밖에 없었다. 내 얼굴이 거짓말을 못한 모양이다. 속심이 들통난 것이다.

이름난 명의는 환자가 진찰실에 들어설 때 우선 안색을 살핀다고 한다. 외형 얼굴부터 진단하고 있는 것이다. 심상(image) 얼굴은 얼(정신, 넋)이 통하는 터널이라고 했다.

로마에서는 내 얼굴이 매부리코가 된 적도 있다. 이목구비가 분명한 표준형은 다 없어지고 음흉해 보이는 코만 솟아난 것이다. 로마의 볼거리 중의 하나인 스페인 광장과 계단은 낭만적인 데이트 장소다. 세계의 젊은이들이 찾아 정을 나눈다. 입 맞추고 노래를 하면서 손뼉을 치고 춤도 춘다. 이곳이 특히 유명해진 것은 영화 때문이다. 「로마의 휴일」에서 오드리 햅번이 이 계단에서 아이스크림을 먹으면서 내려오는 장면은 환상적이었다.

계단주변에는 길거리의 화가들이 관광객을 부른다. 땡볕에 자리를 잡고 내 얼굴을 맡겼다. 풍자, 성격적으로 그려주는 캐리커쳐(caricature)화가들이다. 시간이 얼마나 됐는지 내 앞에 내민 얼굴은 괴물이었다. 주먹만한 매부리코가 얼굴 한가운데 자리 잡고 있는 것이다. 웃을 수도 없고 그렇다고 화를 낼 수도 없는 나를 쳐다보고는 즐겁다고 수선을 피운다. "당신의 코, 매력 있다"는 것이다. 나라 안에서는 건방진 얼굴로 구박받았는데 밖에서는 매력적인 얼굴이 된 것이다.

수필동인 회원들은 시간이 꽤 지난 후에 내 얼굴을 그렸다. 첫인상은 고약했던 모양이다. 처음에는 '기관원' 출신인 줄 알았다고 실토했다. 기관원이 무엇을 의미하는지 알 수가 없으나 일단은 호남형은 아닌 것 같았다. 누군가는 선뜻 말을 붙일 수 없는 인상을 주었다고 했다. 뱀 같은 냉혈동물도 아닌데 내 표정이 '쿨' 했던 모양이다. 시간이 지나고 보니 '부드러운 남자' 같다고 농을 거는 이도 있다. 내 얼굴은 항상 춤추고 있었다.

바닷가 작은 돌도 풍화작용에 영향을 받는다. 물, 공기, 온도, 햇볕, 바람에 따라 얼굴도 염색되거나 탈색되는 것 같다. 다행인 것은 나는 항상 태초 유산 받은 얼굴을 간직하고 있다는 것이다. 야누스적 탈을 쓴 얼굴, 제값도 못 받는 얼굴, 먹칠을 한 얼굴, 철판을 깐다, 침을 뱉는다. 얼굴, 얼굴뿐이다.

얼굴은 살아있는 혼이다. 향기가 난다. 다시 보고 싶은 얼굴이 되고 싶다.

우리 집 부엌 풍속도

아내가 의아스럽다는 듯, 내 얼굴을 살폈으나 싫지 않은 표정이다.

부엌일을 분담하여 내가 설거지를 한 지 몇 달 됐다. 설거지는 어디까지나 내가 스스로 선택한 자원봉사다. 아들딸 모두 저들의 보금자리를 찾아 떠난 지 오래돼 집안이 적막강산이 되었다. 부엌에서 일거리를 만들기로 한 것은 궁상이 아니다.

부엌의 아침상은 조촐하지만 이야기가 있어 다정하다. 아침 메뉴는 우유, 커피, 식빵, 계란, 과일이나 채소가 기본이다. 다방커피와 원두커피 등 식성이 서로 다른 것은 각자 선택한다. 최근에는 텃밭에서 수확해온 고구마가 인기다. 한여름의 땀이 작은 즐거움을 주고 있다.

편리하고 깔끔하지만 아파트 부엌은 운치가 없다. 전자제품

매장 같다는 생각이 들 때가 있다. 옛날 어머니가 정성껏 돌보던 그런 공간은 아니다. 대대로 살아온 삶의 흔적은 찾을 수 없다. 부엌 크기는 서너 평될까. 가스레인지, 전기밥솥, 정수기, 냉장고, 식탁, 싱크대, 커피 머신 등 손가락으로 가볍게 누르기만 해도 활용할 수 있는 기기뿐이다.

어머니 시대의 부엌은 사내들에게는 출입통제 구역이었다. 사내자식이 부엌 근처에서 어른거리면 장가 못 간다는 것이 어머니의 지론이었다.

나는 외식을 한 후에도 설거지는 거르지 않는다. 그릇을 씻는 일은 세심(洗心), 마음을 씻는 일이다. 부엌은 단순히 음식을 하고 그릇을 씻는 장소만은 아니라고 생각한다. 정다웠던 일, 보고 싶은 얼굴, 잊어버려야 할 것들이 부엌에서 출렁이고 있다.

혼자 동네 설렁탕집을 찾을 때가 있다. 그곳에서 자주 만나는 노신사가 있다. 항상 혼자다. 홀로서기 연습을 하는 노인들이 늘어간다는 것이 음식점 주인의 말이다. 하루 세 끼 자기 집 부엌을 찾는 '삼식이'는 세상 아내들의 공적이라고 한 악담이 아무래도 마음에 걸린 모양이다.

아들 딸 식구들이 집에 오는 날에는 부엌도 춤을 춘다. 젊은 이들은 항상 시간에 쫓기지만 집을 찾아주어 훈훈해진다. 가족 모임은 특별한 일이 없는 한 외식보다는 집 부엌에서 함께 맛

자랑을 하는 것이 원칙이다. 필요한 먹을거리는 서로 의견을 나누어 분담하는 것 같다. 식사 후에는 부엌분위기가 또 바뀐다. 함께 치우기도 하지만 설거지는 대부분 아들이 혼자 하고 있다. 이제 부엌의 주인은 사내들 같다. 딸들의 주장은 여전하다. 설거지는 당연히 사내들의 몫이란다. 엉거주춤 눈치를 살피던 사위들은 어느새 TV프로를 찾거나 휴대전화 자판을 두드린다. 사위도 제집에서는 설거지를 할 것으로 믿고 있으나 확인하지는 못했다.

옛날 우리 집은 항상 시끌시끌했다. 친형제를 포함 읍내(충주)로 유학 온 외가 촌놈들까지 합쳐 사내애들이 6~7명이나 됐다. 식구가 많다 보니 어머니는 마치 학교 기숙사 사감 같이 엄격하셨다. 부엌 입구에는 항상 경고문을 걸어 두었다. 밥시간을 꼭 지켜라. 다 먹은 밥상은 부엌 입구까지 옮겨 놔라. 사내들은 절대 부엌으로 들어오면 안 된다. 부엌일 외에 집안 청소, 장작 패는 일, 쓰레기 처리 등은 너희들 일이다. 단, 부엌 규정 중 예외 된 사항이 하나 있다. 꽁치, 정어리, 고등어 등 비린내가 나는 어물을 굽는 일은 사내들이 한다. 부엌 뒤 마당에는 숯불 화덕과 석쇠가 준비돼 있다. 이글거리는 꽁치를 먼저 집어가는 놈이 주인이기 때문에 어리어리 하다가는 낭패다.

시골 할머니가 엄선해서 우리 집에 보낸 순영이는 어머니 부엌일을 도와주는 도우미였다. 그때는 식모라고 불렀으나 어머니는 그렇게 부르지 못하게 하셨다. 나이든 형은 이름을, 나이가 어린 나는 누나라고 부르도록 했다. 누나 부모의 부탁은 나이가 들면 순영이를 책임지고 시집 보내달라는 것이다.

세상이 바뀌어도 부엌 인심만은 간직하고 싶다. 부엌에는 따뜻한 미소가 있고, 사람 사는 이야기가 있다. 때로는 서운함, 안타까움도 있겠으나 부엌은 가족의 쉼터다. 설거지를 하면서 뒤늦게 얻은 삶의 또 다른 지혜다.

2.

포로수용소에서 온 편지

포로수용소에서 온 편지

하늘은 쾌청했으나 치유 되지 않는 상처가 덧나 침울해졌다.

거제(도) 포로수용소(유적지)를 찾아가는 날, 다시 天(천)이 형 생각이 났다.

'전쟁이 터졌다'는 놀라운 비보에 사람들은 방향을 잡지 못해 우왕좌왕 당황했다. 고향근처에 있던 ○○연대 군인들은 계속 북쪽으로 이동하고 있었다. 50년 6월 25일 며칠이 지난 그해 7월초 어느 날 덮친 비극이 끝내는 앙금이 됐다. 미술선생의 '소집 통고'를 받고 불려간 형은 하루가 지나고 또 다음날이 되어도 돌아오지 않았다. 형이 의용군으로 끌려갔다는 것이다. 붉은 완장을 두른 사람들이 설치기 시작했을 때이다.

고등학교 2학년이 된 지 3개월밖에 안된 열일곱 살짜리 어린 제자를 끌어내 사지(死地)로 밀어 넣은 '스승'은 그동안 땅속에서 활약을 해온 '진짜 빨갱이'라고 했다. 억울하고 침울한 시간이 이어졌으나 부모님은 무엇을 어떻게 해야 할지 길을 찾지 못했다. 반년 밀고 당기던 전쟁은 1·4후퇴 후 유엔군과 국군이 다시 반격하면서 상황이 바뀌고 있었다. 휴전협상이 시작될 무렵 기적이 일어났다.

죽었는지 살아 있는지 어떻게 됐는지 알 수도 없던 형으로부터 소식이 온 것이다. 그것도 우편으로 보낸 것이다. 가족들은 흥분하고 들떴다. 언제인가는 자식이, 형이 살아 돌아올 것이라는 기대에 희망을 갖게 된 것이다. 애절했던 어머니의 기도 소리도 맑아졌다.

보낸 주소는 부산 변두리 임시 포로수용소 정문 앞 어느 세탁소였으나 우편 봉투에는 보낸 사람을 밝히지 않고 있었다. '天(천)이 살아있음' 단 여섯 자(字) 뿐이다. 어떤 경로를 통해 편지를 보낸 것인지 알 수 없었으나 아주 급했던 것 같다. 연필로 빛이 바랜 낡은 신문지 쪽에 갈겨 놓은 급보는 흔들리고 있었다.

형은 화가가 되는 것이 꿈이었으나 진로를 고민하고 있었다.

해방이 되었어도 세상은 모두 삶에 지쳐 있었다. 하필이면 '환쟁이'가 되겠다니 눈총을 받던 즈음 형은 탈출구를 찾았다. 해방된 새 나라에서 처음으로 개최된 전국 중고생 미술 대회에서 당당하게 입상한 것이다. 인구 10만 명도 안 되는 작은 읍

시골고등학교 2학년 학생이 전국대회에서 입선한 것은 놀라운 경사였다. 형은 한층 더 각오를 했고 가족들은 앞길을 터주기로 했다. 형은 학교 미술실보다 항상 야외에서 그림을 그렸다. 그럴 때마다 '삼발이(Easel)'를 챙기는 일은 내가 맡고 나섰다. 멋진 형을 따라 다니는 것은 자랑거리였고 신바람 나는 일이었다. 읍내 뒷골목 돌담 앞 군청근처 모락모락 저녁연기가 솟아나는 나지막한 초가, 옹기종기 놓여있는 장독대 앞에는 항상 형이 있었다.

분산 돼 있는 포로를 한 곳에서 관리하기 위해 유엔군은 51년부터 거제도 신현읍 일대 바닷가 400여 만 평에 수용소를 짓는다고 했다. 중공군, 괴뢰군 17만여 명이 수용돼 있는 현장은 또 다른 전쟁터가 되고 있다는 풍문이 돌았다. '김일성 장군 만세'를 외치는 친공포로와 반공(反共)포로 간에는 밤낮 가릴 것이 없이 죽고 죽이는 폭동과 잔인한 학살이 이어진다고 했다.

지루한 휴전 협상이 계속됐다. '휴전 결사반대' 매일 데모 행렬이 읍내를 돌았다. 나도 주먹을 들고 "반대! 반대"를 외쳤으나 마음속으로는 빨리 휴전이 되길 기다렸다. 그래야 포로가 된 형이 돌아올 것이라 믿었다.

휴전 직전인 53년 6월에는 2만 7천여 명의 반공포로가 석방됐으나 꿈에도 기다리던 형은 돌아오지 않았다. 한 달 뒤에는 휴전이 됐다. 잔인한 전쟁은 끝났으나 형의 소식은 여전히 감감했다.

밤마다 악몽이 계속됐다. 모두 불타 버린 포로수용소에서도 형은 보이지 않았다. 때로는 갯벌 속에서 허우적거리던 형을 성난 파도가 삼켜버린다. 6·25직전 읍내를 흐르는 개천 가운데서 공개 처형됐던 빨치산의 주검이 나를 짓누르고 있었다. 온 몸통이 끈적거려 더 이상 눈을 감고 있을 수가 없었다. 최인호의 소설 「광장」의 주인공, 이명준의 다리를 잡고 "형은 어디 있느냐"고 따지다가 함께 바다에 빠졌다.

그리고 60여 년이 흘러갔으나 살아있다던 형은 돌아오지 않았다. 형이 간첩으로 남파됐다는 소문이 들려왔다. 어디에서인가는 또 총소리가 들렸다. 모두 꿈이었다.

포로수용소 유적지는 생각했던 것보다 초라했다. 인근 주차장에는 몇 대의 대형 관광버스가 싣고 갈 손님을 기다리고 있었다. 수용소 캠프 안에는 거제시가 만들어 놓은 허술한 모형이 쓸쓸해 보였다. 포로막사와 취사장, 야외 화장실 오물 처리장 등도 마찬가지다. 포로 폭동 체험관과 MP(유엔군 헌병) 검사소 다리 앞에서는 등산복을 입은 한 무리들이 기념사진을 찍고 있다. 운동장 같이 뛰어다니는 유치원 꼬마들, 왁자지껄 떠들어 대는 여인들의 소리가 시끄러울 뿐, 포로수용소는 말이 없었다.

정월 바닷가는 냉기가 돈다. 소금에 젖은 바람이 나를 치고 지나갔다.

1980년대 초 돌아가신 어머니는 "천이가 살아올 때까지 함께 살던 집을 팔지 말고 대문은 항상 열어두라."는 말을 남겼다. 응어리가 맺혀있던 어머니의 한(恨)이 들리는 것 같다.

억울하고 슬펐던 6월이 수없이 갔지만 전쟁의 흔적은 여전히 지울 수 없다. 승자도 패자도 없는 독사 같은 전쟁이 계속되고 있을 뿐이다.

가을에 떠나다

가을이 가고 있다. 흐느적거리던 가로수도 습격한 추위에 몸살이 났다. 대청봉 가을은 영하 7도까지 떨어졌단다. 기대, 수확, 보람, 이별, 고독, 허무…. 가을은 천의 얼굴이다. 낙엽소리에 귀를 기울이며 더 겸손해지는 계절이다. 삶을 짚어보고 석양의 그림자를 되돌아보는 시간이다.

기독교, 불교, 가톨릭 등 종교별로 본 웰 다잉(well-dying)세미나에 들렀다가 돌아가는 길이었다. 질퍽한 길에 사나운 비바람이 몰아친다. 맥없는 낙엽이 발밑에서 발광한다. 모임의 주제가 너무 버거웠다는 생각이 든다.

'가을은 개같이 쳐들어온다. 매독 같은 가을'을 이라고 말한 어느 시인의 반격처럼….

종교는 종파가 달라도 죽음 앞에서는 함께 옷깃을 여민다.

생을 잃는다는 것은 살아있는 인간에게는 가장 큰 상실이지만 기도, 수행, 묵상을 거쳐 다시 부활하고 환생한다는 것이다. 육신의 죽음이 바로 끝이나 패배라기보다는 영광스러운 삶의 성취라고 할까. 웰 다잉은 거룩한(sacred) 죽음, 아름다운 마무리로 승화할 때만 찾아온다는 것이 이날의 메시지다. 웰 다잉을 가이드하는 시대가 됐으나 그날의 낙엽은 여전히 방황하고 외롭기만 하다.

지난주에는 주치의를 찾아 약 처방을 받았다. 심전도 체크, 채혈, 혈압을 쟀다. 정기적인 일이지만 몇 개의 약봉지를 받을 때면 내 몸이 움직이는 종합병원 같다는 생각이 들 때도 있다.

돌아오는 길에 30여 년 살던 대치동 생각을 했다. 아파트단지에 자리 잡고 있던 느티나무는 아직은 가을을 전부 보내지 않고 있어 반가웠다. 내가 대학병원의 단골손님이 될 즈음이니까 몇 년 전 일이다.

400살이 됐으나 여전히 믿음직스럽던 느티나무가 시들시들 몸부림치기 시작했다. 어느 날 사람들은 싱싱하던 팔을 아예 잘라버리더니 나무의 배를 갈라 내장을 드러냈다. 잔인한 봄이었다. 개복수술 후에 허허해진 상처는 석회와 시멘트 덩어리로 땜질을 했다.

기진맥진해졌던 나무는 몇 달 동안 링거주사까지 맞고야 위기를 넘겼다. 시간이 지나고도 옛날처럼 풍성하지는 못했지만 주민들은 다시 느티나무 밑에서 가을을 맛보고 즐거워했다. 생명은 하늘이 준 선물이라고 했다. 가을이 되면 그곳에 버티고 있는 느티나무의 안부를 묻고 있다.

가을을 서성이느라 하루 이틀 미루다가 추위를 맞았다. 몇 포기 안 되지만 텃밭 배추, 무를 미리 뽑아오지 않았다고 아내는 내 눈치를 본다. 그나마 날씨가 풀린다니 다행이다. 입동이 지나면 월동준비를 서두르셨던 어머니는 가을인데 김장을 걱정했다. 이제는 홀대받는 시대가 됐지만 그때 김치는 또 하나의 주식이었다. 방학이 되어도 집에 가지 않고 읍내에서 빈둥거리는 외가 형들까지 합쳐 김치를 찾는 식구는 계속 늘어났다. 농사를 짓지 않았기에 최소한 한 접 이상의 배추를 들여놨던 것이다. 밤늦게까지 양념준비에 정신이 없으셨던 어머니는 김장 당일에는 동네 여인들을 몇 명 불러와야 했다.

대형마트 근처에 살고 있는 딸은 시집을 간 지 몇 년이 되어도 슈퍼김치가 더 맛이 있단다.

11월에 결혼식을 올렸다. 노총각 신랑인 나는 주례 목사님 이외 부목사님의 손을 잡고 빨간 자주 카펫을 밟고 천천히 입장하고 있었다. 처음 보는 장면에 하객들은 눈이 휘둥그레졌다. 가끔 결혼식장에서 꽃바구니를 들고 있는 화동을 본 적이 있었으나 신랑 손을 잡고 들어오는 예식을 본 사람은 없었다. 누님이 제안했던 성스러운 퍼포먼스였다. 시간이 지나도 내 결혼식 장면을 두고 부러워하는 이웃이 많았다. 갈대밭에서 뒹굴던 제주도의 풍경은 어제일 같다. 그해 단풍은 유별나게 황홀했었다. 가을은 현란하고 우울하고 서럽지만 낙엽은 나무가 살아남기 위한 몸부림이기에 순리대로 맞이할 수밖에 없다.

어느 날 왔다가 예고 없이 떠나는 인생, 가을에 생각한다.

전시장에서

- 김경복 개인전: 인사아트센타 2010. 2.17-23

한파가 고개를 숙였다. 햇살 그득한 겨울날 인사동 화랑가는 어쩐지 풍요롭고 행복하다. 오랜만에 '여(女)시리즈2010' 김화백의 전시장을 찾았다. 봄의 따뜻함과 싱그러움, 울트라마린 하늘에 흰 구름, 몽롱한 회색 화이트와 보라색 꽃의 형상, 화면 안 어디에선가 여체의 형상이 자연스레 스며들고 드러나는 것 같았다. 짙은 갈색 위에 화이트의 번짐은 영혼의 평안한 메아리가 전시장 안에 흐르고 있었다. 부드러우면서도 비정형의 형체와 색채는 다소 몽환적인 느낌마저 들게 했다. '나는 그리지 않는다. 다만 스며들고 또 드러날 뿐이다' 김화백의 작가 노트를 읽는다.

20여 명의 유치원 꼬마들이 전시장에 나타났다. 입에 손가락사인을 하고 있는 인솔 선생님 눈치를 느끼고 조용한 척하더니 어느새 종알종알 귓속말이 이어진다. 그림에는 관심이 없는 것 같다. 호랑이나 공룡도 없다. 재미는 물론 알 수도 없는 그림뿐이다. 추상화를 이해하기에는 어린 관람객이다. 나도 그랬었다.

추상화는 1910년경부터 일어난 서구의 미술운동이다. 물체의 선이나 면을 추상적으로 승화시키거나 색채의 어울림을 추구, 조형적인 작품을 구성하고, 보이는 형상이 아닌 보이지 않는 내면의 세계를 주관적 감정으로 표현하는 20세기미술이다. 나는 김화백의 아주 오래된 팬이었으나 추상화를 만나면 우선 혼란해졌다. 어디서부터 어떻게 접근해야 될지 알 수가 없어 당황했다.

"우리가 영어책을 읽으려면 영어 문자와 단어를 익히듯이 현대미술을 감상하려면 그 기초, 즉 미술사와 미술에 대한 내용을 공부하고 많이 보고 많이 느끼어 미술작품에 대한 안목을 높이는 것이다."라고 김화백은 말하지만 그렇게 되기까지는 많은 시간이 지나야 했다.

전시장을 찾을 때면 작품 감상에 앞서 미소 짓고 있는 동심이 반가웠다.

음악시간에는 숨도 못 쉬었다. 시험 때를 제외하고는 독창을 불러 본 적이 없어 기가 죽었다. 결국 음치라는 딱지가 붙여졌지만… 미술시간에는 신바람이 났었다. 세상은 공평하다고 쾌재를 불렀다. 당연히 내가 대장이 됐고 미술선생님의 믿음직한 조수가 되기도 했다. 노래는 잘 부르면서 미술시간을 싫어하는 동무는 내 밥이 될 수밖에 없었다. 노을 진 들판에서 하루의 일을 마치고 저녁종소리를 들으며 감사기도를 하는 부부의 모습- 밀레의 만종, 신비해 보이는 모나리자의 얼굴, 정물화는 나대로 알 수 있었으나 추상화라는 말은 들은 적이 없었다. 뒷마당에 있는 장독대, 칙칙한 돌담, 향교, 처마, 군청 앞 느티나무 등은 내가 즐겨 그리는 것들이었다. 수십 년 전의 일이다.

넓은 전시장에서 구름을 타고 하늘로 올라가는 것 같은 느낌이다. 20여 점의 대작은 따뜻하면서도 상쾌한 인상을 주고 있다. 진솔하고 평화로웠다. 애써 잘 보이려고 꾸미거나 떠들썩하게 요란하지도 않았다. 군더더기도 없다. 캠퍼스에 물감을 붓고 스며들고 말리기를 수십 번하면서 우연히 탄생한 형상들은 시원한 공간 속에서 자유로웠다. 예전의 작품들이 여체의 아름다운 선들을 추출하여 재구성하고 현란한 색채로 여성의 희로애락을 표현했다면, 이번 전시의 작품들은 여성내면의 아름다움을 그리고 있었다. 특히 어머니의 사랑과 따뜻한 마음, 그 품의 편안함과 자신에 대한 강인함 등을 표현해보고 싶었다는 작가의 말이다. 가슴이 뭉클해짐을 느꼈다. 어머니에 대한 기억. 소중하고 애틋한 정, 어느 한순간을 떠올리게 했다.

80년대 초까지만 해도 김화백의 작품은 너무 어두웠다는 생각이 난다. 졸업, 결혼, 출산, 육아, 직장, 늦은 첫 전시회 등이 연이어 겹쳐 대상을 차분하게 바라볼 수 있는 여유가 없었던 것 같았다. 욕망이나 집착과 거리를 두고 캔버스를 바라볼 수 있는 시간적, 안정감이 부족했다. 대상을 사실적으로 재현하지 않고 순수형식 요소와 주관적 감정을 표현하기는 했으나 선이나 면이 분명했었다. 여체의 반구상이었다. 당시 김화백의 전시회에 초대받은 내 동료들은 엉뚱했었다. 작품을 감상하기보다는 캠퍼스에 숨어있는 누드의 형상을 찾아내고는 낄낄 숨을 넘기기도 했다. 형태, 색채, 선, 명암, 질감 등 추상적인 요소로 이루어진 작품은 밝고 초여름마냥 상쾌하다. 은은한 회색, 연한 파란색, 흰색, 자색 등으로 자연스럽게 조화된 화면은 관찰하기보다는 차분하게 응시하고 있었다. 김화백의 회화 세계는 "회화적 이념이나 특정경향에 얽매이거나 거기에 스스로를 적응시킴이 없이 자신의 느낌, 삶의 체험 그리고 회화에 대한 열정을 나타내고 있는 것이다." 스승이었던 고 이일 교수의 평론 일부다.

'그 평화 내게 깃들고'(여 시리즈 2010-5), '내 마음의 노래'(2010-11)의 화면에는 어머니 품속의 따뜻한 사랑을 느끼고, 바다와 하늘, 그리고 아련한 형상들은 작가 내면의 노래와 자유, 평화를 표현한 것이라고 했다. 나는 한참 동안 숨을 멈추었다. 그 옛날 어머니의 모습과 작가의 작품이 어울리고 있었다. 흙탕물이 맑아지고 있음을 느꼈다. 삶의 찌꺼기를 씻어내고 있는 중이었다. 찬란한 보라색으로 여성의 내면을 표현하고 싶었다는 작품(여2010-2)의 여성 알레고리는 '난(蘭)' 같았다. 작품 '2010-4 memory'는 환상적이다.

"그리고 조금씩 시간을 지나면서 화면은 밝은 흰색이 화면의 중심을 차지하면서 번지고 흐르고 중첩을 거듭하며 색채들과의 조화를 모색해가기 시작했다. 작업들은 그 어느 때보다 무게를 드러내고 유기적 형상들이 나래짓하는 추상의 변주곡으로 완결되었다."

평론가 박남희씨의 말이다. 작가의 경륜을 말하고 있는 것이다. 보는 대로 보며 느낄 수 있는 작품 '기쁨', '봄날', '내 마음의 빛', '회상' 등은 코발트, 흰색이 조화되어 꿈을 꾸고 있었다. 작품 '기억의 바다' 엽서를 얻어왔다. 내 책상 형광등 옆 흰 벽에 붙이고 보니 그림의 위와 아래가 바뀌어 거꾸로 됐으나 그대로 두고 혼자 웃었다. 농담, 진담 반으로 작가에게 따져 본 적이 있었다. 추상화는 전시장에서 그림을 거는데 신경을 쓸 필요가 없는 것 같다. 자신 이외는 어떻게 달아놨는지 알 수도 없고 잘못 걸었다고 시비 거는 사람은 없을 것이라는 내 억지에 김화백은 웃기만 했었다. 순수추상 작품을 하고 있는 작가들에게는 미안한 이야기이지만 알기 쉬운 사실화를 그리면 잘

팔리고 좋지 않으냐고 물었다. "진정한 예술가는 대중을 따라가는 것이 아니라 대중을 이끌어야한다."는 것이 김화백의 신념어린 대답이었다. 4층 전시장을 내려오면서 또 다른 작가들의 작품을 볼 수 있었다. 대중성과 순수한 예술성을 생각해 보았으나 모범답안을 쓸 자신은 없었다. 대부분 화가들은 적자 전시회를 감수하고 있다. 돈이나 밥이 되는 것도 아니지만 나는 시를 쓸 수밖에 없다는 어느 원로 시인의 말이 떠올랐다. 김화백은 또 내년에도 초대 전시회를 가질 예정이라고 한다.

김경복은 1969년, 71년에 홍익대학교, 홍익대학원을 졸업했으며 10회의 개인전(서울, 파리)과 50여 회의 단체전(한국, 일본, 인도, 미국, 프랑스, 스웨덴, 대만)과 30여 회의 초대전을 하였다. 현재 경원대학교 미술대학 회화과 교수로 재직하고 있다.

말(言) 속의 말 찾기

말 많은 세상이다.

남녀노소, 사람마다 세 치 혀가 달려 있다고 거칠 것 없이 막 말을 한다. 말 한마디에 천 냥 빚을 갚는데 사람들의 가슴에 못을 박는 천한 말이 떠다니고 있다.

말은 품격이다. 사람에 인격이 있다면 말에도 품위가 있다. 말이라고 다 말이 아니다. 입을 조심하라고 했다. 정서적이고 지적인 아름다운 말은 재산이다. 할 수 있는, 해야 할 말이 있고 해서는 안 되는 말도 있다.

'말(馬) 꼬리에 천리간다' '발 없는 말이 천리간다'는 같은 뜻이다. 특권, 패거리 집단의 등에 업혀 막말하는 천한 인간들이 있다. 언어의 폭력이다. 성희롱만 있는 것이 아니고 말에도 못된 장난이 있다. 말의 값이 폭락하고 있는 것 같다. 잘못된 말은 자신을 파괴하고 끝내는 주변 사람도 괴롭힌다.

수재 중 수재들. 권위와 근엄함을 내세우는 인간들 가운데도 고약한 말을 즐기고 있다. 특정 개인을 공개적으로 헐뜯고 욕질을 한다. 뿌리를 소탕하자, 쥐를 잡아야 한다. 뒷골목의 정상배 같은 말을 한다. 습관적으로 말 행패를 부리는 경우도 있다.

조진다, 깽판친다, 쪽 팔린다, 못해 먹겠다, 까불지 마라, 소설 쓴다 등등 말은 재앙을 불러들이는 입(口)이고 혀는 몸을 자르는 칼이라고 했다.

속담 속에는 은유가 있고 유머와 조크, 독설도 있다. 속담은 허튼소리나 속된 말이 아니다. 보통 사람들의 지혜로움이 오랫동안 응축되어 향기를 피우고 있는 삶의 흔적이다. 고관대작이나 잘난 사람들 얘기가 아니다. 신분의 구별 없이 많은 사람들이 함께 즐기는 감정의 표현이다.

조지 버나드쇼(영국 극작가)의 독설은 속담은 아니지만 여러 사람을 풍만스럽게 한 즐거운 말이다. 아름다운 여인, 무용가가 사랑을 고백했단다. "선생님의 두뇌- 천재성과 나의 외모를 가진 아이가 태어나면 멋지겠지요."란 말에 반응은, "반대로 내 외모와 당신의 두뇌를 가진 아이라면 끔찍하겠지요."였다.

독설을 유머로 바꾸어 상대방을 무색케한 멋진 말도 있다. 영국의 여성의원인 에스터가 처칠에게 던진 송곳 말이다. '내가 당신 아내라면 커피에 독약을 타겠다'고 했단다. 총리의 답은

'내가 당신 남편이라면 그 커피를 즉시 마셔버리겠다'고, 우문현답을 했다.

서초동 일대에서도 막말이 굴러다닌다. 재판장에서의 일이다. '너, 이혼했는데 무슨 말을 해. 그냥 가만히 있어', '어디서 버릇없이' 호통을 쳤단다. 젊은 엘리트가 부모격인 나이의 여인에게 한 말이다.

'말로 온 동네 다 겪는다'는 속담이 있다. 사기성, 입으로만 떠들어 대는 헛소리에 빗댄 말일게다. 정치꾼들이 즐기는 가짜 약속 같다. '낮말은 새가 듣고 밤 말은 쥐가 듣는다'고 했다. 귓속에 밀어를 해도, 언제인가는 들통이 난다는 경고다. 말을 조심하라는 충고일 수도 있다.

70년대 말 80년대 초의 일이다. 자고나면 세상이 뒤바뀌었다. 총칼을 잡은 계엄령은 언론에 칼질을 하기 시작했다. 마음에 안 드는 기사는 뭉텅뭉텅 잘려 나갔다. 기사 행간 행간에 보이지 않는 뜻을 전해야 했다. 단어, 표현방법은 물론 아는 독자는 다 알아들을 수 있게 기사를 요리해야 했다. 검열관의 눈초리를 피하기 위한 이심전심 전략이었다. 유언비어 단속도 언론을 괴롭혔다. 말과 말 사이에도 들리지 않는 숨결을 심어야 했다. 글 속에 글이 있고 말 속에 말이 있던 시대다.

'말에는 씨가 있고 꼬리도 달려있다' 경북 예천군 어느 마을 입구에 만들어놓은 말(言)무덤 얘기다. ○씨 ○씨 등 몇 집 성씨가 어울려 살고 있는 동네가 조용한 날이 없었다. 막말- 상말- 저주- 시비 등등 말꼬리 때문이었다. 각 문중을 대표한 어른들이 묘안을 냈다. 집집마다 사발을 하나씩 들고 모이게 하고 그 안에 자기들이 수시로 사용하고 있는 쌍스러운 말을 모두 뱉어내게 했다. 그리고는 구덩이를 판 후 땅속에 묻고는 말무덤 비석까지 세워놓았다. 말씨와 꼬리를 매장한 것이다. 지혜 있는 사람들의 슬기다. 그 이후부터는 마을에 막말이 없어졌다고 했다.

들어도 그만 안 들어도 되는 말을 즐기는 위인을 말쟁이라고 한다. '말 잘하기는 소진, 장의(중국 춘추전국시대 외교관)로군'이라는 말도 있다. 실속 없는 달변을 꼬집는 말이다.

나도 말이 많아졌다. 나이 탓인가, 아니면 말이 그리워서인가. 즐거운 말을 하면 기분이 좋고 윤기가 도는 것 같다. 악담, 자존심을 건드리는 말, 거짓말, 쌍스러운 말, 끝이 없는 수다, 잔소리는 하지 않기로 했다. 조급하지 않고 여유가 있는 말 - 말 속에 말- 속담은 윤활유다.

대마도 다시 읽기

- 문화 탐방기

검은 바다(玄海)가 요동치기 시작했다.

대마도-부산행 정기선인 오션플라워가 제대로 방향을 못 잡고 휘청거린다. 선내 방송은 날씨가 악화돼 행로를 바꾸어 서해로 돌아간다고 했다. 정상이면 1시간 10분인 거리이지만 부산항까지 3시간은 걸릴 것 같다고 전한다. 수백 명을 태운 배가 울컥할 때면 토악질을 하는 승객이 늘어났다.

2박 3일 대마도 문화 탐방은 짧은 시간이었으나 여운은 쉽게 지워지지 않았다. 나는 언젠가는 우리 조상들의 흔적이 여러 곳에 남아 있다는 대마도를 가보고 싶었다. 현재 일본 땅 나가사키 현에 속해 있는 대마도는 한때는 별도 세습 영주가 통치한 섬으로 조선과 인연이 깊은 지역이다. 대마도는 국제

무역항 기능을 했고 일본으로 가는 관문이기도 했다.

11월초 부산항을 떠나던 날, 날씨는 쾌청했다. 조선일보가 주선한 답사는 과거 조선과 대마도간에 있었던 역사적인 사실을 보존하기 위해 현지에 세운 현창비와 비석 등을 돌아보는 것이다.

우선 백제국 왕인박사의 현창비는 대마도 와니우라의 해변, 우리나라가 보이는 산기슭에 세워져 있었다. 박사 왕인은 『천자문』과 『논어』 등을 일본에 전달, 학문분야에서 저들의 조상으로 평가 받고 있다. 일본의 고서기가 전하고 있는 기록이라고 했다.

대마도 와니우라 바다 앞 언덕에 세워진 조선 통역관 순난비는 바다에서 생을 마감한 이들의 영혼을 위로하기 위해 세운 추모비다.

1703년 부산항을 떠난 조선 통역관 일행 108명은 대마도에 도착하기 직전 기상 악화로 배가 좌초돼 전원이 사망했다. 통역관들은 조선의 외교 사절단원들로 당시 대마도 번(藩) 주의 죽음을 위로하고 새로운 번(藩) 주의 세습을 축하하기 위해 대마도를 찾은 것이다.

지난 25년 동안 대마도에 세운 추모비는 우리나라의 황수영 박사(전 국립박물관장)와 단국대학교 박물관장인 정영호 교수팀이, 일본 측에서는 대마도 현지 관, 민들이 합의, 추진했다.

마지막으로 대마도에 세운 통신사 황윤길의 현창비를 답사하는 순간 새삼스럽게 애국하는 길이 무엇인가 생각해 봤다.

임진왜란 직전 도요도미 히데요시는 대마도 도주에게 조선의 예방을 주선토록 위탁했으나 실패했다. 당시 조선은 통신 정사 황윤길, 부사 김성일 등을 일본에 파견했다. 일본의 속셈과 정세를 파악하기 위해서였는데 결과가 정반대로 보고됐다. 정사는 일본이 전쟁 준비를 하고 있어 반드시 조선을 침략할 것이라고 했고, 부사는 일본은 침입할 조짐이 없고 도요도미는 두려운 인물이 못된다고 했다.

조정은 무능했다. 나라를 지키는데 특히 국방 문제를 신경쓰지 못한 결과, 임진왜란 등 두 번씩이나 참화를 입어야했다. 예나 지금이나 패거리, 우리끼리 붕당정치는 결과적으로 나라와 백성을 망치게 했을 뿐이다.

조선왕조 26대 고종의 왕녀 덕혜옹주의 결혼을 봉축한 기념비를 확인한 순간 나는 분노했고 수치감을 느꼈다. 조선이 휘청거릴 때다. 고종은 사랑하는 딸을 대마도 번주인 소타케유키와 결혼시켰다. 일본의 정략결혼은 피할 수가 없었을 것이다. 두 사람의 결혼을 축하하는 뜻으로 대마도에 거주하는 한국인들이 기념비를 세웠으나 덕혜옹주는 끝내 행복하지 못했다. 50년대 중반 대마도 번주와 헤어진 옹주는 귀국, 창덕궁 낙선재에서 한 많은 일생을 마쳤다. 기념비 앞에는 작은 꽃 화분이 놓여있으나 옹주는 말이 없었다. 옹주는 결국 역사의 희생물이 되었을 뿐이다.

조선의 유학자인 최익현 선생의 순국비는 대마도 이즈하라현에 있는 일본인의 개인사찰인 수선사에 있다. 최선생은 칠순을 넘긴 고령인데도 의병을 일으켜 항일운동에 앞장섰으나 일본군에 체포됐다. 대마도에 유패된 최선생은 일본 측의 회유책을 거절 단식투쟁에 순국했다. 조선 나라 안에는 매국노들이 설치고 나라가 망하기 4년 전이었다. 수선사를 찾았을 때는 빗줄기가 사나워져 탐방 팀들은 더 엄숙해졌다.

740여 년 전 고려와 몽고군 3만 명이 대마도 코모다하마 해변으로 상륙한 것은 일본 정벌을 위해서다. 려몽 연합군은 초기에는 대마도 병사들을 전몰시켰으나 여건이 악화돼 일본본토 정벌은 포기해야 했다. 코모다하마 신사에는 당시에 전사한 병사들의 위패를 받들고 매년 축제를 열고 있다.

이곳을 답사하면서 나는 엉뚱한 생각을 해봤다. 왜 그때 우리 조상들은 대마도를 완전히 우리 땅으로 확보하지 못 했을까. '독도는 우리 땅, 대마도도 우리 땅'이라는데, 아쉬울 뿐이다.

조선시대 210년(1697~1811)동안 일본을 방문한 조선통신사는 12회나 된다. 나는 이날 문화 탐방 중 조선과 대마도 간의 관계 뿌리를 확인하고 싶었으나, 진상을 밝히지 못했다. 『세종실록』 등 역사기록에는 '대마도라는 섬은 경상도의 계림에 예속돼 있다고 했고, 본래 조선의 목초지'라고 밝히고 있다. 조선 초기 세종 때에 삼군도체찰사인 이종무가 대마도를 징벌했다는 기록이 있으나 일부에서는 다른 의견을 제시하기도 했다. 특히 이번 대마도 문화 탐방을 안내하고 해설한 정영호 교수는 조선 시대 대마도를 완전히 정복했거나 거주한 적이 없었다고 주장했다.

여행 마지막 날 저녁 회식 때 들은 이야기는 두고두고 괘씸하다는 생각이 들었다. 몇 년 전 대마도를 찾았던 한국 관광객들이 음식점에서 회식 중 '대마도는 우리 땅' 노래를 불렀단다. 순간 '검은 제복을 입고 검은 차를 타고 온 일본 경찰들'이 음식점에 있는 한국 노래 테이프는 물론 관련된 자료를 모두 압수하고 대마도 노래는 더 이상 부르지 못하게 경고 했단다. 그 일이 있은 후부터 우리 관광객들은 이 노래를 부를 수 없게 됐다. 선입감 때문인가 나는 항상 일본을 생각하면 겉과 속이 다른 두 얼굴이 떠오른다.

대마도 시청사에 내걸려 있는 구호 역시 심상치 않았다. '조선 통신사를 유네스코 기록 유산에 등록하자'는 주장이다. 일본은 또 다른 본심을 드러내고 있어 그들이 태어날 때부터 지니고 있는 DNA가 작용한 것 같다.

돌아오는 날 오전에는 비가 쏟아지는 데도 조선통신사 기념비와 고려문 역사 민족 자료관을 돌아보았다. 고려문은 조선

통신사를 영접하기 위해 세웠다고 했는데 고려시대 건축물의 출입문 형식을 본따고 있다. 별도로 찾은 대마도 역사 민속자료관에는 무역을 통해 조선에서 들어왔다는 경전, 불상, 청자 등 중요 문화제가 여러 점 전시돼 있어 또 놀랐다.

대마도 이즈하라 항을 떠난 여객선이 3시간 만에 부산에 도착했다. 부산과 대마도간은 불과 49㎞, 한 달에 1천 명의 한국 관광객이 대마도를 찾는다고 했다. 대마도 사람들의 생업은 어업이지만 우리 관광객들 덕분에 대마도 중심지에 있는 대형 마트와 면세점은 항상 성황이라고 했다.

어지럽고 메스꺼운 배 멀미 때문만은 아닌 것 같다. 무엇인가 대마도에 남겨두고 온 것이 있는 것 같아 혼자 중얼거려 봤다. '어떻게 어디를 봐도 대마도는 우리 땅이었는데….'

늦은 밤 칙칙한 빗줄기가 서울행 기차 창문을 두드렸다. 한때는, 조선과 대마도는 가까운 이웃임에 틀림없었다.

아줌마 커피

청진동 일대가 불도저 굉음에 묻혔다. 글쟁이, 술꾼들, 소박한 이웃들이 즐겨 찾았던 해장국집 동네 일대에 재개발 사업이 한창이다. 철거되기 직전까지만 해도 일본의 관광객들을 중심으로 한국의 별다른 맛을 즐기기 위해 찾아오는 외국인들부터도 사랑받던 청진동이다. 교보문고 뒷문에서부터 시작되는 피맛길에는 수십 년 된 막걸리, 빈대떡집, 즉시 숯불에서 고등어를 구워내던 밥집도 인기였다.

청진동과 인연을 맺기 시작한 것은 60년대 후반부터다. 회사와 담장을 같이한 빌딩 지하에 있던 다방은 내 젊음의 한 조각이 새겨져 있던 찻집이다. 이제는 카페 전성시대라고 하지만 나는 흔적도 없이 사라진 그 다방이 그립다. 서양의 카페도 처음에는 삶에 지친 사람들이 잠깐 머물던 초라한 찻집이었다.

사실주의 거장이며 당대의 문학 노동자로 꼽히던 프랑스의 오노레 드 발자크(Honore de Balzac 1799~1850)시대의 카페는 육체노동과 농부, 뱃사람 등 '어중이떠중이'가 몰려들던 곳이었다. 그들은 피곤함, 배고픔을 이기기 위해 카페에 모여 각성제인 커피를 즐겼다고 했다.

사랑방 같이 드나들던 내 단골 다방은 겨우 20여 평 규모에 자리도 20여 석뿐이었다. 다방에 들어서면 가끔 동전을 삼켜버린 공중전화통이 우선 눈에 띈다. 빛이 바랬지만 푹 잠기는 천 소파가 피곤을 안아준다. 한겨울에는 다방 중심에 자리 잡고 있는 연탄난로가 인기였고, 삼복더위 때는 대형 음식점에서나 볼 수 있는 큰 선풍기가 털털거리면서 손님을 맞이했다. 그 시절 쟁이(신문기자를 지칭)들은 모든 것이 부족했고 항상 시간에 쫓겼다. 특히 올챙이 신세를 겨우 면한 초년병이던 나는 항상 지쳐있었다. 군, 경, 선생, 공무원도 박봉에 시달렸으나 기자들 역시 제대로 평가를 받지 못했다. 오죽하면 20여 개 되는 직업 중 기자는 배우자 상대로는 항상 꼴찌였다. 직업에 대한 자긍심만이 자신을 위로했던 시절이다.

회사에서는 직원들의 호주머니 사정을 덜어주기 위해 한 달에 한 차례 가불을 해주었다. 자기 월급의 일정액을 미리 주는 것이지만 며칠 가지 못해 호주머니에서는 먼지만 날렸다. 궁여지책으로 찾아낸 것이 단골 다방이다. 중국집 같이 시계를 풀

필요도 없고 완전히 신용거래로 비상금을 마련하는 것이다. 빌린 급전을 언제 갚겠다는 차용증서를 써줄 필요도 없다. 다방주인 역시 따지지 않고 이자도 받을 수 없는 돈을 빌려 준 것이다. 그럴 때마다 마담은 한 번 눈을 흘겼지만 동정보다는 인정이 앞섰다. 다방을 드나드는 채무자는 나뿐이 아니었으나 항상 거절당하지 않았다. 취재 부장인 데스크의 지시가 끝나면 대부분 차장부터 올챙이까지 단골 사랑방에 다시 모였다. 하루의 일과가 시작되는 시간이다. 선 후배간의 대화를 비롯, 부처간의 정보 교환, 기사화 하지 못한 뉴스 등에 대한 재확인 등이 뒤따랐다. 그 시대 커피를 다방 커피라고도 하고 아줌마 커피라고 비웃고 있으나 나는 지금도 그 다방 커피 맛을 잊을 수 없다. 커피, 설탕, 각 한 스푼, 밀크 찔끔 두, 서너 번 떨어뜨리면 충분했다. 가끔 설탕을 몇 번씩 퍼 먹는 장난꾸러기도 있었으나 마담은 겨우 설탕 도둑놈이라고 내뱉고는 그만이었다. 변두리 지역이나 시외버스 터미널 등에서 파는 커피는 콩피라고 천대 받기도 했던 시절이지만 단골 다방의 커피는 역시 신용품이었다.

허장강 흉내를 냈다가 다방 출입이 금지된 적도 있었다. 오랜만에 남편이 외출 나왔다고 했다. DMZ에 근무하는 신랑은 현역 육군 대위였다. 늦은 밤이었다. 서너 명이 소주 한 잔하고 비가 억수 같이 쏟아져 잠깐 피하기 위해서 들른 것이다.

다방에는 손님이 별로 없었고 한쪽 소파에는 군인이 혼자 차를 마시고 있었다. 들어서면서 한다는 헛소리가 말썽이 된 것이다.

"분위기도 그렇고 오늘 심심한데 뽀뽀나 한 번 합시다."

순간 마담의 얼굴이 굳었고 당황했다. 밤새도록 남편의 의심을 풀어주느라 애를 먹었다고 했다. 20여 년 이상 드나드는 단골손님이며 기자들이 엉뚱한 소리를 잘한다고 이해 시켰다는 것이 마담의 넋두리였다.

가끔은 끌려서 카페를 찾고 있으나 마음에 안 든다. 대학가에 있는 카페는 요란한 젊은이들의 휴식처가 되었고 내가 20여 년 살던 지역 다방은 학원이 모여들면서 거래와 정보교환소가 된 것 같다. 신흥 아파트단지 역시 마찬가지다. 돈 냄새가 난다. 요란하고 사치스럽다. 솔직히 말해서 순두부 점심값보다 더 비싼 차를 마시자니 입안에 가시가 돋는 것 같다. 사람 냄새가 났던 단골 다방, 그때의 아줌마 커피를 먹고 싶다.

끝나지 않은 이야기

'쟁이'는 힘든 직업이지만 통신기자는 더 고달프다.

통합된 연합통신(프레스) 지방국1부 차장으로 다시 발령이 난 것은 그해 8월초였다.

연합이 출발한 지 7개월이 지났으나 지방국의 분위기는 서먹서먹했다

데스크, 기자 모두 아직은 정이 들지 않은 것 같았다. 지방국 벽면에 붙어있는 메모판이 지쳐있다. -오늘도 걷는다만- 패배적이다. 당시 국 분위기 조성에 앞서고 있던 1부장에게 건의, 구호를 바꾸기로 했다. '오늘도 걷자'고.

초기 지방국은 중앙지 지방주재 기자와 정리된 지방지 기자 등 20여 개사 소속 60여 명으로 출발했다. 각자가 살아온 풍토가 다르고 개성과 능력도 차이가 났다. 당장은 눈치를 보고

있으나 모두가 일당백 투사(?)들이라고 했다. 본사 팀이 급한 대로 기반을 다져왔으나 주재 기자들의 체질과 기사의 품질 개선은 당장 급한 일이었다. 신문기자를 통신기자로 바꾸는 문제는 간단하지 않았다. 석간 출신기자는 오전 10시 전후까지, 조간기자는 오후 2~3시경 1차 마감이 끝나면 기사를 송고하지 않는 경우가 흔했다. 통신은 마감이 없다. 신문은 물론 TV 등 전파보다 앞장서야 된다. 기자는 하루 24시간 1년 365일 뛰어야 한다는 현실에 쉽게 적응하지 못 한 것이다.

연합 지방국이 점차 자리 잡으면서 본사, 지방 따질 것 없이 일도 많고 예상 밖의 사고 사건이 속출했다. 지방 2부장 때 일이다. 데모 현장을 취재하던 연합기자가 기동 경찰팀에 구타당하고 카메라는 박살났다. 참을 수 없었다. 해당지역(인천) 경찰청장을 직접 방문해 모든 피해 보상을 받아내고 사과를 받았으나 괘씸한 기분은 쉽게 풀리지 않았다.

어처구니없는 일이 일어났다. 비협조 기자를 파면시키라는 통고는 바로 언론 탄압이었다. 당국이 밝힌 죄목(?)은 '지역발전을 저해하는 기자'라는 것이다. 당시는 '유니폼' 시대로 사사건건 총이 펜을 감시 감독하던 시대다.

지방마다 구성돼있는 '지역발전 대책위' 멤버는 지역 기관장을 비롯 전문 기관원으로 구성돼 여론 조성은 물론 실질적인 감독기관이다.

관의 전화 한 통으로 연합 지방기자의 사표를 받을 수는 없었다. 본사 차장을 현지에 파견 진상을 확인한 결과 사실은 전혀 달랐다. 기자가 비판적인 기사를 쓰는데 대한 기관장들의 불평이었다. 언론을 다루던 정부의 홍보 조정실장을 방문했다.

당시 실장은 신문기자 출신이었다. 관의 강압으로 주재기자를 파면하면 연합 지방국은 해산할 수밖에 없다는 것이 나의 주장이었다. 주고받고 의견이 엇갈렸으나 포기할 수가 없었다. 일선기자가 부당한 일을 당하면 데스크는 방파제가 되는 것은 당연한 일이다. 결국 '없던 일'로 해결됐으나 어느 기관원이 소속 부장인 나의 뒷조사를 했다는 이야기를 들었다.

가지 많은 나무는 바람 잘 날이 없었다.

오보사건(부산)으로 회사가 긴장했다. '물에 빠진 주인을 개가 구조했다'는 지방기사는 진상을 다시 확인한 결과 취재기자가 사기꾼에 당한 것이다.

항상 연합의 실패를 기다리고 있는 중앙지가 또 행패를 부렸다. 언론통폐합으로 지방의 '손, 발'이 없어졌다고 주장하는 신문은 이럴 때마다 연합 지방국을 난타, 분위기가 심각했다. 끝내는 본사 사장(고 김성진)이 직접 오보에 대한 사과 기사를 썼고, 지방국은 초죽음이 됐다.

웃고 울고 지쳐서 넘어져도 지방국 본사와 지사 팀은 다시 일어나 뛰어야 했다. 모두가 공동운명체일 수밖에 없었다.

지국 취재기자가 1백여 명으로 늘어나고 기구도 확충되면서 양두구육(羊頭狗肉)의 '박쥐'가 음모를 꾸미기 시작했다. 일부는 특정 주재지역을 요구하기도 했고 지사와 본사 데스크를 욕심내기도 했다. 인신공격, 이간질, 모함, 고자질, 배후조정 심지어는 황당한 투서를 날리기도 했다. 사람 사는 곳에는 항상 바퀴벌레 같은 쓰레기들이 있기 마련이다.

통신사 역사 처음으로 노조가 파업을 했다. 노조는 좌충우돌 강경했다. 어느 날 본사 지방국장을 공격하는 대자보가 나붙었다. 골자는 지방국장이 앞장서서 노조의 요구를 무시, 방해하고 있다는 것이다. 노조간부는 그동안 몇 번 나를 찾아와 자기들이 주장하고 있는 편집국장 직선요구를 지원해 달라는 적이 있었으나 나는 의견이 달랐다.

편집국장을 직선할 경우에는 회사가 사분오열 된다는 것이 내 주장이다. 회사구성원은 동양-합동 팀에 연합이 공채한 기자 등 다양해 신경을 써야 했다. 그때 마침 어느 지방사가 편집국장을 직선했다가 회사 자체가 갈라져 흔들린다는 사실을 듣고 있었다. 노조원의 찬반여론 투표 결과 직선제 요구는 실패했다. 당시 전국지사의 노조원들 대부분이 나의 반대 의견을 지원, 지방국이 기여했다는 평가를 받았다.

YTN사업추진을 놓고 회사는 또 진통을 겪었다. 나는 평소에도 '얼굴 없는 통신'이 사는 방법은 스크린(방송)을 갖추는 일이라고 주장해 왔다.

YTN방송개설을 놓고 사원들의 찬반이 갈렸을 때 나는 추진팀에 전체사원을 대상으로 한 여론 조사를 통해 해결하자고 건의했다. 지사 기자들의 지원을 받기로 작심한 것이다. 지사 기자들 대부분은 나와 같은 생각을 해 다행이었다.

내가 2부장에서 1부장으로 자리를 옮기자 2부 어느 기자는 환성을 올렸고 1부 기자는 시무룩해졌다는 말을 들었다

극성을 피우던 부장이 자리를 옮겼으니 희비가 엇갈린 것이지만 그렇다고 고삐를 풀 수는 없었다. 나는 기사 잔소리를 제외한 개인적인 부탁 등으로 지방 기자들을 괴롭힌 적은 없어서 조직 관리에 당당했다.

낙종- 한밤중에 비상을 걸었다. 9시 TV뉴스를 체크하던 중 갑천(대전)에 황새가 나타났다고 난리다. 황새는 국보급으로 정부에서 보호 받고 있는 '귀한 손님'이다.

'이유 없다, 변명 없이 무조건 황새를 찾아라' 지사장, 수석기자. 카메라가 투입돼 밤새도록 개천바닥을 헤맸지만 황새는 찾아 내지 못하고 뒷이야기만 남겼다.

건장한 청년(기자)들이 밤새도록 시내중심을 흐르는 오염된 개천을 오르고 내리며 주변 민가 대문을 두드렸단다. "황새 못 봤습니까." 본사 데스크가 야속하다는 생각이 들었지만 덕분에 '황새 찾아 철야' 기록을 남겼다고 했다.

연합기사로 인해 도백이 물러나야 했던 일은 어쩔 수가 없었다. 단양일대에 물난리가 났다. 지국 취재팀장이 즉시 현장으로 달렸다. 도청 헬기까지 편승했다. 하늘에서 확인한 수재현장은 비참했다. 기자는 현장을 시찰하던 도지사(충북)와 단독인터뷰로 수해현장을 자세히 송고 했는데 그것이 말썽이 된 것이다.

재해 복구책은 정부 재해 대책본부에서 합동으로 현장을 조사한 후 세워야 하는데 도지사가 피해 주민들 앞에서 '완전보상'을 약속, 생색을 낸 것이다

수해 현장 기사를 송고한 기자와 도백은 고등학교 선후배 동문이었고 나도 잘 아는 도백이다. 자리에서 밀려난 도백은 오랫동안 현장 취재기자와 본사 데스크를 원망했다고 들었다.

소문난 목수(木手)는 자신이 지은 집에서 살지 못해도 실망하지 않는다. 언제인가는 세상이 목수의 능력과 업적을 평가할 것이라고 확신하기 때문이다.

연합 지방국에서 10여 년 동안 보람 있던 일, 서운하고 억울했던 일이 엇갈리고 있으나 지나고 보니 그때가 자랑스럽다.

어느 날 훈병의 병영일지

수십 년이 지났어도 젊은 날의 군대생활은 간직하고 싶은 추억이다. 나는 60년대 초 사병의 의무 병역 기간이 31~33개월 때 군에 자원입대 했다.

6·25전쟁이 휴전된 지 10년, 모두가 힘들고 가난했다.

신병훈련소에서

신병훈련소는 논산 한 곳뿐이고, 이곳이 바로 사람을 군대로 다시 만들어낸다는 제조창이라고 했다. 나는 제조창이라는 말은 군대식과 동의어로 받아들였다. 군복 등 관물을 지급받는 날부터 그런 생각이 든 것이다. 훈련병들은 몸에 군복을 맞추란다. 대대로 물려받은 낡은 군복이 각자의 치수에 맞을 일이 없다. 그나마 내가 받은 군복은 입을 만했지만 후줄근하기는 마찬가지다. 앞 기 훈병들이 넘겨준 속옷 역시 제대로 마르지 않아 찜찜했지만 속절없다.

4월초 봄은 계속 늦장을 피워 날씨가 고르지 않고 스산했다. 받은 내의를 갈아입자 온몸이 스멀스멀해졌다. 옷에 잠복한 기생충, 이는 애써서 잡지 말고 툭툭 털어버리면 해결된다는 것이다.

속전속결이다. "돼지를 키우는 것은 잔칫날을 위해서다. 너희들은 비상시기에 대비, 훈련소에서 키우는 돼지다. 알겠냐!" 군은 명령이고 복창이다.

내가 속해있던 ○○연대의 별명은 '밥 먹으나 마나'이고 옆 부대는 '훈련 받거나 말거나'다. 언뜻 이해가 되지 않았으나 시간이 지나면서 실감했다. 특히 농사짓던 장정들은 항상 배가 고프다고 징징거렸으나 그것도 훈련이다. 취침 전 점호 시에는 또 군기가 빠졌단다. 하나, 둘, 셋, 재빠르게 침상 밑으로 기어들어간다. '쥐잡기'다. 숙달된 조교들은 침상 위에서 쾅쾅 댄스를 춘다. 아무리 생각해도 정상은 아닌 것 같다. 원산폭격은 꼽추 자세를 취하고 자신의 대가리를 땅바닥에 처박는 것이다.

「현해탄은 알고 있다」 한운사 작 연속 방송극을 애청하다 군에 입대했다. 2차 세계대전 말기 일본군에 끌려간 억울한 학도병 '아로운'의 이야기다. 상급자인 간교한 일본군은 조선의 지식인을 괴롭히는 것이 취미다. 인간 쥐새끼꼴이 된 훈병은 아로운을 생각했다. '군대식'이라는 폭행이 일본군이 남긴 못된 유산이라는 생각이 들었다.

코가 시큰해진 적도 있다. 지옥에서 만난 천사들이다. 서울의 어느 명문여대 위문단이 훈련장에 나타난 것이다. 철조망 밑을 통과하는 침투사격 훈련은 바로 전장터다. 진흙탕 총기는 물에 잠기면 안 된다. 훈병은 하늘을 보면서 전진, 엎드린 포복자세 반대다. 정한 시간 안에 적진을 탈출하지 못하면 살아남을 수가 없다. 물웅덩이 곳곳에서는 폭탄이 터지고 훈병들 몸체 위로는 적군이 기관총사격을 하고 있다.

'전투'가 끝나자 위문단이 기립박수를 했고 더러는 눈가를 훔치기도 했다.

훈병은 그날부터 밤이면 천사들 생각에 잠을 설치기도 했다.

훈련이 계속되면서 점차 훈련병의 눈빛이 달라졌다. 지겨웠지만 이제는 어떤 훈련도 해낼 수 있다는 자신감이다. 강한 군은 강한 훈련에서 태어나는 것 같다. 사나이는 군에 다녀와야 인간이 된다고 한 뜻을 알게 된 것이다. 병영의 젊음은 그렇게 군인이 되고 있다. 논산을 향해서는 오줌도 누지 않겠다고 악담을 했지만 제대를 하고 나면 즐거운 이야깃거리가 될 것이다.

독도법 훈련장이다.

지도 한 장을 들고 지점을 찾아가는 것이다. 교관의 눈을 피한 여인들, 야전이동 주보라고 했다. 훈련장을 찾아 떡, 빵, 사탕, 껌 등 먹을거리를 파는 이웃들은 임시 화장실까지 찾아와 한창 '작업'중인 훈병들에게 빵조각을 내밀고 있다. 모두가 배고팠던 시절이다.

군은 요령이라고 한다. 위기만 넘기면 된다. 진짜 쥐꼬리 작전을 하는 날이다. 식량이 부족했던 시절, 쥐새끼들이 식량을 마구 먹어 치운다. 사냥터는 식당주변이다. "쥐를 잡자, 쥐꼬리를 잘라내 보고하라" 약빠른 그놈들이 내 손에 잡힐 일이 없으나 대안이 떠올랐다. 역시 군대식이다. 오징어 다리가 쥐꼬리로 둔갑된다. 그날 PX는 장날이 된다. 군대식은 ×로 밤송이를 까라고 해도 깔 수밖에 없는 것이다.

아들의 훈련소

수십 년이 지났다. 아들은 대학교 2학년을 마치고 군에 입대했다. 현대전은 전자전이고 무기전이라고 했다. 90년대 중반이다. 이제 훈련소는 지역별로 분산되어 있다. 의외의 '사건'이 일어났다. 아내가 더 들떴다. 어느 날 훈련소장이 전화를 한 것은 개인적인 의견이 아니고 공적이란다. 내용은 아들이 훈련받고 있는 ㅇㅇ훈련소에서는 매 기마다 부모님 한 분을 초빙하여 군을 이해시켜 주고 훈병들에게는 정신적인 정훈교육을 시켜주는 프로그램이라고 했다. 훈련소를 방문하는 날 먼저 소장과 상면했다. 훈련소에서는 입대한 훈병들의 인적 사항을 완전히 파악, 관리하고 있으며 개인적인 상담도 해준다고 했다. 훈병들의 교육 수준이 높아져 더 이상 부모님들이 걱정을 하지 않아도 된다는 설명이다.

실내강당에서 긴장하고 있는 훈병들의 마음을 풀어주기 위해 함께 삼삼칠 박수를 쳤다.

아내가 먼저 어머니의 마음을 전했다.

"여러분의 어머니들은 군대 간 자식들을 위해 눈물로 기도하고 있습니다. 무엇보다도 성실하게 군대생활을 끝내고 건강하게 돌아오십시오. 군에 있는 동안에도 앞으로의 계획을 세우고 젊음을 설계하십시오. 모든 부모님들의 부탁입니다."

시작부터 훈병들의 눈언저리가 촉촉해지고 끝내는 눈물로 범벅이 되었다. 엄마가 보고 싶어서, 연인 생각이 나서, 초코파이와 시원한 맥주생각이 난 것인가… 새 우리에서 자란 우리의 2세들이 독수리가 되어 창공을 나는 날을 기다린다.

나머지 시간 30분은 내 차례다. 대학 캠퍼스에서 들었다고 운을 띄운다. 신의 아들, 장군의 아들, 그리고 사람의 아들. 여기 훈병들은 사람의 아들이기에 억울하다고 불평하겠지만 사람의 아들인 너희들이 이 나라를 이끌고 나갈 것이고 세상은 그렇게 될 것이다.

군대생활은 또 하나의 인생 경력을 쌓는 것이다. 너희들이 제대한 후에는 틀림없이 지금의 경험이 재산이 될 것이다.

훈병들과 함께 구내식당에서 점심을 했다. 예상했던 것보다 풍성했다. 밥은 본인이 원하는 대로 먹을 수 있으며 부식 역시 다양하고 메뉴는 매일 바뀐다고 했다.

수십 년 전 배가 고프다고 훌쩍이던 훈련소 전우들의 찌들었던 얼굴, 그때는 모두가 지쳤지만 함께 이겨냈다.

내무반은 깨끗한 응접실 같아 마음이 놓였다. 벽에 걸린 대형 TV수상기, M1장총 대신 한국인 체형에 맞는 짧은 총기, 국산 K2자동 연발이란다, 막사 입구 옆에 자리 잡고 있는 빨간 우체통과 공중전화통이 마음을 훈훈케 했다.

만신창이가 된 군

2000년대다. 아들이 제대한 지 15년이 지났다. 상처투성이가 된 ROK(대한민국) 군의 몰골이 민망스럽다. 위수지역을 벗어나 만취 추태까지 부린 제복은 무려 4개나 되는 별을 달고 있는 장군이라니 믿을 수가 없다.

아주 옛날에 들은 믿을 수 없는 소문이 있다. 별이 한 개인 준장의 사모님은 별이 두 개라고 했다.

윗물이 맑아야 아랫물이 맑을 것이고 맹장(猛將) 밑에 약졸은 없다는 경고는 진리다. 병영에서 총 든 '조폭'이 설쳐 희생자가 생겼다는 소식이다. 가슴 아픈 이야기다.

북쪽 망나니들은 아침저녁 따질 것 없이 공갈 협박을 치고 시도 때도 없이 죽음의 흉기를 날린다.

걱정하는 목소리가 들린다. 병영은 유람하는 젊은이들의 게임장이나 캠핑장이 아니다. 정치꾼들의 유세장이 되어서도 안 된다. 군의 생명은 위계질서이며 군기와 군률이라고 했다. 군의 사기는 나라의 사기인데 모두가 잘못된 것은 너 때문이라고 떠들고 있다.

역사가 입증했다. 나라를 망치게 한 요인은 군에 있었다.

지도층과 군 지휘관의 비리와 무능, 무너진 지휘계통, 매관매직, 부패- 오합지졸 당나라군, 중앙 지방군간의 불신 반목, 유전면제, 무전징집, 국민 무시, 성문란과 성병 만연, 부정부패, 식량 물자 약탈, 병사들의 사기저하 -장제스 군

다시 태어난 '국군의 날'을 기다린다. 상처뿐인 군이 달나라에서 온 괴물이 아니고 바로 우리 대한민국의 군인이 틀림없다. 어깨를 펴고 광화문을 당당하게 행진하는 군의 모습을 확인하고 싶다.

어떤 강남

아파트는 강남이 만들어낸 명품 중의 하나이지만 처음부터 선호한 것은 아니다. 강남이 개발되기 전까지 주거공간은 당연히 단독주택을 말했다. 70년대 초 나는 난생처음 마포구 망원동에 내 집을 마련했다. 겨우 비둘기 둥지만한 작은 보금자리였으나 나에게는 경사였다. 그 당시 망원동을 선택한데는 나름대로 이유가 있다. 우선 집값이 싸서 호감이 들었다. 때마침 제2한강교가 개통되어 회사가 있는 광화문까지 교통사정도 원만해졌다. 더구나 새로 정지된 택지에 10여 채씩 들어선 단독주택은 새 출발하는 젊은이들을 유혹했다.

그러나 호사다마, 나의 선택과 푸른 꿈은 입주한 첫해부터 물거품이 됐다. 8월말 어느 날 새벽부터 쏟아진 빗줄기가 점차 사나워지면서 끝내는 재앙을 불렀다. 장마철에 대비 철저히 점검했다던 수방대책은 2시간 쏟아진 호우를 견디지 못했다. 한강변에 설치된 유수지의 철문이 유실돼 역류된 한강물은 순식간에 주거지역을 휩쓸었다. 물난리의 원흉은 부실 건설이라고 했다. 하수도 시설 역시 엉망이라 장마철이면 마을은 항상 개천 바닥이 됐다. 84년 수해 때는 '어버이 수령'(김일성)이 수재민 위문품까지 보내 이야깃거리가 됐으나 그것뿐, 기대하던 망(望)원동은 한 많은 망(忘)원동으로 추락됐다. 망원동의 물난리는 관재(官災)와 인재(人災)가 저지른 죄악이며 피해자는 억울한 민(民)뿐이었다.

집 거래가 완전히 중단됐다. 집을 처리할 수도 구입하는 사람도 끊어졌고 신축은 허가하지 않았다.

우울한 시간이었다. 망원동에서 탈출키로 결심한 것은 80년대 초다. 본격적으로 아파트 시대가 열렸으나 나는 길이 없었다. 할 수 없이 재벌계열 건설업체 간부인 선배를 찾은 것은 새 길을 찾기 위해서다. 마침 선배는 내가 수해를 입은 사실을 어느 정도 알고 있어 억지를 부렸다. 그때 마련한 것이 강남 대치동에 신축 분양중인 S아파트다.

고전(苦戰) 끝에 강남에 상륙했으나 당장 이사를 할 형편이 못됐다. 한 번 어긋난 길이 두고두고 화근이 된 것이다. 강북지역 학교에 다니고 있는 자녀들 학교 이전이 복잡했고 압류, 공매 대상이 된 집 처리 문제가 간단치 않았다. 거절할 수 없어 전해준 한 통의 인감 증명서가 족쇄가 됐다.

아파트를 마련한 후 실제로 강남 주민이 되기까지는 7년이 걸렸다. 강남에서 집들이 하던 날 객은 강남진출을 환영했고, 나는 이제 강북을 탈출했다고 털어놨다. 긴 여행, 강남으로 가는 길은 멀고 외로웠다.

집들이에는 의외의 손님이 자리를 같이해 새삼스럽게 강남개발과 아파트가 화재가 됐다. 비공식으로 참석한 불청객은 소련이 망하기 직전 타스통신 기자다. 안내를 한 선배말로는 그는 이번 기회에 반드시 한국기자들이 살고 있는 집을 돌아보고 싶다고 했단다. 때마침 그의 기대와 나의 강남 정착이 일치한 것은 또 다른 인연이었다.

90년대 초 러시아가 탄생 됐을 때, 나는 모스크바 타스통신을 방문했으나 내 집을 방문했던 기자는 해외출장 중이라고 만날 수가 없었다. 타스통신과 우리나라 연합통신(뉴스)이 뉴스계약을 맺어 두 회사 간부들은 매년 한 명씩 교환 방문을 하기로 했다. 모스크바에 갔을 때 좋은 이야기를 들었다. 고급(?) 아파트에 살고 있는 한국기자들이 부러웠다고 했단다. 아늑한 아파트 단지 분위기와 계획도시로 개발된 강남의 첫인상이 좋았던 모양이다. 30평형 내 집이 러시아 기자들에게 부러운 고급 아파트로 소개된 것은 잊을 수 없는 일이다.

강남으로 이사 했을 때 특히 둘째 딸인 인정이의 얼굴이 밝아졌다. 인정이가 강북에 있는 명문 예고 3학년이 됐을 때다. 학교는 강북에 있으나 친구 대부분은 강남, 그것도 소문난 아파트 지역에 살고 있다고 했다. 친구 따라 가끔 강남을 찾았을 때 딸은 강남이 주는 인상이 강북과는 확실히 다르다는 것을 느꼈다고 했다. 새로 조성된 아파트 단지와 사방으로 연결된 도로망은 물론 지나치는 사람들이 은연중에 강남에 살고 있다는 것을 과시하는 인상을 주었다고 했다.

딸의 이야기를 들으면서 후배가 털어놓은 또 다른 강남 이야기가 떠올랐다. 후배는 선대부터 강남에 살고 있으나 신흥 아파트지대가 아니고 변두리 옛날 마을이라고 했다. 10대인 후배의 딸은 인터넷을 통해 서로 채팅을 하던 중 어느 날 일방적으로 '절교'를 당했다고 했다. 서로 자기가 살고 있는 동네를 소개하던 중인데 갑자기 '너와 사귀기 싫다'고 했단다. 상대는 강남 중심지의 아파트지역에 살고 있다고 했다. 강남 안에 또 다른 강남이 있다는 사실은 들은 적이 있다.

동료들 말대로 나는 강남의 '막둥이'였으나 강남과의 인연은 수십 년 됐다. 80년대 언론이 통합되기 전 내가 동양통신 경제부 소속기자로 건설부(국토교통부)에 출입할 때다. 60년대 중반 들어서 나라 안팎은 개발 바람이 불었다. 안에서는 고속도로 건설 등 사회 간접시설 개발을 서둘렀고 나라밖으로는 해외 건설업체가 중동으로 진출, 건설업체는 물론 세상이 들떴다. 하지만 아파트는 예외였다. 집은 단독 주택이지 여럿이 함께 사는 공동주택은 낯설었고 관심을 두지도 않았다. 특히 주택 문제를 다루는 기자들이 부정적이었다.

건설부 주택관계자가 출입기자들을 아파트 건설 현상으로 안내했다. 현재의 반포단지 주택공사가 건설한 아파트 공사가 거의 끝나 분양을 서둘렀다. 나중에 알게 됐으나 당국은 처음으로 건설한 아파트를 소개하고 여론을 체크하기 위해 출입기자들을 초대한 것이다. 공사 담당자는 사업 개발의 필요성, 앞으로 인구 증가에 대비한 주택 정책 등을 짜임새 있게 소개했으나 기자들의 반응은 냉랭했다. 우리의 사고방식과 생활 습관을 생각하면 아직은 아파트를 공급할 시기가 아니라고 했다. 차관자금(ADB)까지 들여와 인기 없는 아파트를 보급하는 주택정책은 잘못됐다고 공격했다. 집값상환이나 공동 관리도 문제이고 선진 외국에서는 형편이 어려운 사람들이 아파트에서 산다고 주장했다. 급해진 당국은 묘안을 제시했다. 실수요자가 아파트를 구입할 때는 은행 융자 등 모든 지원을 하고 필요한 경우 분양가 이외 생활품인 가전제품까지 옵션으로 제공하겠다고 했으나 기자들은 여전히 관심을 쓰지 않았다.

시간이 지난 후 아파트 문제가 과열되면서 그동안 홀대받던 아파트는 최고, 최대의 투자 투기 대상이 됐다. 아파트를 구입하려면 일정한 순서를 기다려야 했고 까다로운 조건과 절차를 거쳐야 됐다. 예비군 해당 젊은이들은 정부의 인구 정책에 호응하면 주공 아파트 우선권을 주기도 했다. 2명만 낳아 잘 키우자던 시절이다. 강남 개발이 활발해지면서 멍청해진 것은 아파트 정책을 맹공하던 기자들이다. 앞을 내다보지 못하는 근시안들, '바보들의 행진'은 건설부 출입기자만은 아니었다.

어느 날 서울시장이 출입기자들과 점심 회식을 한 후 함께 드라이브를 했단다. 지금의 잠실지역- 그때는 한강변에 뽕나무 심고 잠실이 있는 상습수해지역이다. 현재는 대단위아파트 단지가 들어섰고 주변에는 롯데월드와 종합경기장이 자리잡고 올림픽까지 열린 곳이다. 기자들과 산책을 하던 시장이 이 지역을 아파트 단지로 지정, 개발하면 어떨까 풍선을 띄운 모양인데 기자들의 반응은 여전히 냉소적이었다. 세상이 어리숙했는지 기자들이 눈치가 없었는지 모르겠으나 아주 오래된 우화 같은 이야기다.

80년대 후반부터 춤을 추기 시작한 강남지역 아파트는 점차 괴물이 되고 있었다. 수해상습지인 한강변이 개발계획지역으로 지정되면서부터다. 아무도 신경 쓰지 않았던 잠실, 압구정동 일대에는 소문난 업체들의 아파트가 들어서고 중·고등학교 등이 모여들었다. 글자 그대로 뽕밭이 변해 푸른 바다가 된 것이다.

세상이 강남 아파트에 취해있는 동안 '특혜 분양'사건이 터졌다. 자칭 최선, 최고, 최다를 자랑하고 있는 아파트 업체가 공개 청약을 무시하고 특정인에게 아파트를 우선 분양한 것이다.

특혜를 받은 인물 중에는 흔히 말하는 '사회지도급' 인물이 많아 세상이 더 시끄러워졌다. 인심은 특혜를 용서해주지 않았다. 당사자들의 명단이 공개 되면서 인격 망신을 당한 당사자들은 사회에서 매장될 수밖에 없었다. 그 당시 명단에 끼어 있던 언론계 인물들도 기자직을 떠나거나 회사 내에서 불이익을 당했다. 그때 나도 특혜 분양 계획을 알고 있었으나 포기했던 것은 솔직히 말해 형편이 못됐기 때문이다. 더구나 새 가슴인 나는 업자와의 뒷거래는 체질적으로 맞지 않았다. 어쨌든 나는 청맹과니를 벗어나지 못한 것은 사실이다.

아파트 특혜분양 사건이 터지자 그동안 잘 알고 있던 '인물'이 특혜분양을 포기키로 했단다. 다만 분양 업체에 부탁 블랙리스트에 올라있는 자신의 이름을 삭제해 달라고 부탁, 고민했다. 공모자(?)가 아니면 눈감고 물에 빠진 놈 건져주는 격인데 어떻게 할까, 끝내는 명단이 공개되기 전 나에게 부탁한 두 명의 이름은 지워졌다.

인간만사 새옹지마라고 했다. 세상은 요지경이다. 살다보면 때로는 공평할 때도 있다는 생각이 들었다. 강남지역 아파트 열기는 끝이 없었다. 건설업체와 지역에 따라 차이는 있으나 특히 강남지역의 아파트를 청약하기 위해서는 밤을 새워 기다려야했다. '떴다'라는 투기꾼들이 설칠 때 진원지는 항상 강남이다.

착하고 어진 사람들이 살고 있다는 양재(良才)는 60년대 초

내가 대학 따닐 때부터 익숙해진 곳이다.

양재가 경기도 과천군에 속했을 때 일이다. 지금은 강남, 서초구의 중심이 된 구청 부근인 것 같은데 확실한 위치는 알 수 없으나 옛날에는 시외버스정류장이 있고 관악산 등산객들은 이곳에서 모였다. 과천행 시외버스가 제시간에 나타나지 않으면 우리는 말×거리라고 쑥대를 먹이기도 했다. 양재는 제주도에서 올라온 말을 손질하고 응겨, 여물 등 말 먹이를 주던 곳이지만 다른 사연도 있다. 조선시대 이괄(李适)의 난을 피해 도망가던 나라님이 시장기가 돌아 말 위에서 죽을 얻어먹고 생기를 찾은 곳이라고 했다. 병자호란 때는 청(淸)이 병창기지로 활용, 조선 사람의 한이 잠겨있는 지역이다.

나는 홀수 달에 양재 전철역 근처 음식점에서 정기적으로 모임을 갖고 있다. 모두 퇴직한 같은 회사 동료이다. 양재에서 모임을 갖는 날이면 수십 년 전 등산복(염색한 군복)을 입고 설치던 나의 흔적을 찾을 때도 있으나 방향 감각을 잡지 못하고 헤맬 뿐이다. 백화점 같이 화려해진 양재 지하철 상가를 기웃거리며 눈요기를 할 때면 바뀐 세상을 실감하기도 한다.

60년대 말죽거리 땅값은 평당 2백원~4백원, 개발이 된 70년대에는 2만원 수준, 80년대는 50만원 수준이었다. 현재는 최소한 3천만 원에서 5천만 원 수준이라고 했다.

내가 살고 있는 대치동 S아파트 앞에는 지하철 3호선 학여

울역이 있다. 경기도 광주에 속해 있던 이곳 중심지에는 큰 고개(大峰)가 있어 대치동이라고 했다. 대치동은 북쪽으로는 한강이 남쪽에는 대모산, 구룡산에 둘러싸여 있고 양재천이 흐르고 있다. 개발되기 전 한강변에서는 학이 춤을 추고 큰 재숲에서는 노루가 낮잠을 즐겼을지도 모른다.

강남의 얼굴이 다양해졌다. 빨주노초파남보. 강남에 떠있는 무지개는 항상 사람들을 유혹한다.

강남은 기(氣)가 모여 있어 때로는 시끄럽다. 서울의 강남이 아니고 강남의 서울이라고 비아냥거리는 이들이 있고 빈부격차가 심하면서도 강남 좌파들이 설치는 지역이라고 한다. 한때는 유일한 권력이 '강남타파'를 외치며 국민들에게 이간질을 했던 저주의 대상이기도 하다.

대치동 일대는 매일 학원 정보 시장이 열려 자식걱정, 자랑, 실망이 엇갈린다고 했다.

학원들이 모여 들면서 복덕방의 목소리가 높아졌고 인심도 바뀐 모양이다. 강남은 대선이나 총선 때는 선거 판세에 영향을 주는 활동적인 유권자들이 버티고 있는 곳, 아니면 불평, 선동꾼들이 설치는 곳이다. 강남이 개발된 지 50년이 넘었다. 일부에서 강남은 특별시, 강북은 보통시, 또 편 가르지만 강남은 강남이어야 한다.

충주호 선장을 기다리며

가을, 풍성한 10월이 흐뭇하다.

지루한 장마에 시달리고 태풍이 할퀴었어도 가을은 가을이다.

서너 명이 사람 사는 동네 인정을 찾아 여행길에 올랐다. 가는 곳마다 풍성한 합창소리, 남녀노소, 시장군수, 주민들, 민, 관이 합쳐 제 고장 자랑이 한창이다. 손님을 실어 나른 수십 대의 관광버스가 들판을 누비고 시끌시끌하다. 주민 위로 잔치, 체육대회 노래장기, 먹을거리 잔치, 농산물 품평회는 기본이다. 책과 음악이 함께 어우러진 북 콘서트, 격 높은 음악제 등 문화예술제는 더욱 자랑스럽다.

며칠 만에 돌아오니 고향소식이 기다리고 있었다. 충주신문에 주먹만한 특호 활자가 1면의 머리기사를 장식하고 있다. '시장 후보들 충주발전 공약, 그게 그거' 흔히 들어온 구문이다.

중앙지 선거면에서는 유달리 말 많은 충주선거를 놓고 신경을 쓴다는 지적이다. 4명의 후보자 중 3명은 뿌리가 같고 1명은 도전자, 결국 3대 1의 경쟁이라고 보고 있다.

고향이 또 이리저리 찢어지고 있는 것이다. 선장이 두 명이나 실종했던 '충주호' 선원들은 이리저리 몰려 소문, 풍문, 삿대질, 모함, 험담에 빠져 허덕였다. 고향이 지저분한 전쟁터가 된 것은 선장과 선원들 모두의 공동책임이다. 자신들의 권리와 의무를 포기한 것이다. 충주선거가 싸움터가 된 뒷면에는 유권자들의 본뜻과는 달리 밖에서 간섭, 조정하고 있기 때문이라는 설명이 들린다.

며칠 전 10여 명의 고향 친구들과 저녁 자리를 같이 했다. 험해진 세상 이야기, 늙은이들의 건강 문제가 오갔으나 진짜 화두는 고향 선거가 됐다. 후보자들을 모르는 사람은 한 명도 없었다. 시간이 지나면서 대화는 뜨거워지고 시장의 조건은 점점 더 까다롭고 구체적이 됐다. 팀웍과 전문적인 순발력, 창의성이 우선이라는 의견이 앞섰으나 인품, 선명성과 연령, 당장 충주호를 끌고 갈 수 있는 조건 등도 양보하지 않았다. 결론은 침몰한 충주호를 누가 어떻게 수선, 보수해서 자신 있게 끌고 갈 것인가에 모였다.

전국 42개 지역에서 총 142명이 출전하고 있는 이번 선거후보의 대부분은 40~50대다. 세상이 점점 젊어지고 있는 것이다. 지자체가 되면서 지역 간 치열한 경쟁 상태에서 고향이 살아남기 위해서는 진취성이 있는 세대를 원하는 것 같다는 의견도 뒤따른다.

저녁모임에 참석했던 친구들은 나름대로 전문적인 지식과 세상을 보는 눈이 뚜렷한 프로급들이다. 흔히 각 분야에서 평가받는 친구들이다. 아직도 대부분은 고향을 지키는 부모님을 모시고 집안들을 직, 간접적으로 관리하고 있는 사람들이다. 항상 고향을 생각하고 있는 원격 유권자들이다.

고향 소식지에서 충주를 아끼고 있는 몇 명의 글을 읽고 박수를 쳤다. 충주신문 사설에서는 이제는 충주호를 제대로 이끌어갈 수 있는 능력자가 요구된다는 의견이 강했다. '충주의 날씨'를 걱정하고 있는 어느 교수님의 충고 역시 같은 맥락이다. 시장은 시민대표자이며 리더가 되어야 한다는 주장이었으나 어느 날 또 고향의 하늘이 어두워지지 않을까 걱정하고 있다.

'가야금 타는 마음'란에서는 하늘에 호소하고 있다. 제대로 된 자격 있는 선장을 골라내 우리도 한 번 멋진 항해를 하자고 당부했다. 모두가 고향을 아끼는 글들이다.

선거라는 장터에는 항상 잡상배나 '꾼'들이 몰려든다. 자신의 신념이나 유권자의 뜻과는 달리 앵무새 노릇을 하는 존재를 비롯, 함량 미달인 사이비, 철따라 변색하는 카멜레온 같은 인물들이 설치기 마련이다.

진짜, 가짜를 골라내는 것은 유권자들의 특권이며 능력이다. 우리 유권자들도 똑똑해지고 있다. 더 이상 '그놈이 그놈'이라고 팽개치지 말고 이번에는 쓸만한 재목감을 찾았다는 희소식이 들릴 것을 기다린다. 고향이 깨어나 그동안 표류했던 충주호가 순항하길 빌고 있다.

꿈에도 소원은 통일

- 70년 동안 스쳐간 '바람'소리

엉뚱한 일이 벌어져 황당했다. 엉거주춤 전화수화기는 내려놓았으나 마음이 뒤숭숭하고 누구인가 감시하고 있는 것 같아 불안해졌다. 지금 같으면 한줌의 웃음거리도 아니지만 그때는 신경이 쓰였다.

70년대 초 일이다. 카이로(이집트)에서 열린 세계 산업박람회를 돌아보고 귀국하는 길에 아테네(그리스)에 들렀다. 처음 찾는 나라이기에 궁금한 일이 많아 호텔 교환에게 한국대사관(Korea Embassy) 전화를 부탁했다. 얼마 되지 않아 연결됐으나 생각하지도 못한 일이 벌어진 것이다. 수화기를 들자 억양이 강한 사투리가 내 귀를 자극했다. "조선인민 공화국 대사관 ○○○입네다. 뭐 때문입네까?" 분명히 전화가 잘못 연결된 것이다. 나중에 확인한 사실이지만 그 당시 유럽 지역에서는 Korea하면 으레 북쪽을 알고 있는 사람들이 많다고 했다.

우리는 일반의 해외여행이 매우 제한되어 있었다. 때로는 출국 전에는 반공교육을 받아야 했다. 해외에서 허가 없이 북한쪽 사람들과 접촉하면 요시찰 인물, 블랙리스트로 감시 대상이 되기도 했다. 간첩이라는 말만 들어도 몸이 굳고 주위를 둘러보던 때다. 특히 일본, 홍콩 등 동남아 지역을 출장할 때면 또 다른 금기사항이 따랐다. 흰 저고리에 검은 통치마를 입은 북한 여인들은 특정교육을 받은 '요인'들이니 신경 쓰라고 했다. 호텔방문 밑으로 들이민 '어버이 수령 등등… 선전문을 발견하면 수집, 관계기관에 우선 신고해야했다. 분위기가 이렇게 팍팍 한데 자신의 의견과 관계가 없었다 해도 북측대사관에 전화를 걸고 통화를 했다는 점은 꺼림칙한 일이다.

어수선한 '사건'이 일어난 후부터 해외에 나갈 때면 나는 'Korea' 대신 반드시 'South Korea'임을 강조하고 여권 서명에도 그렇게 밝히게 됐다. 우화 같은 일이지만 두 개로 쪼개져서 아옹다옹하고 있는 현실을 확인하고는 한심스럽고 짜증이 나던 시절이다. 몇 년 시간이 지난 후였다. 런던 주택가 모텔 구내식당에서 또 일그러진 내 모습을 확인했다. 30대 초반, 젊은 동양인이 어리벙벙해 보였는지 식당 남자 종업원이 의외로 친절했다. 아침 메뉴를 하나씩 설명해 주고는 자기 신변 이야기를 하더니 다른 말을 했다. 자신은 자마이카에서 왔는데 당신은 어디서 왔냐는 것이다. Korea라는 나의 대답에 또 북(North)이냐 남(South)이냐 따진다. 가는 곳마다 두 개의 코리아가 나를 괴롭혀 즐거운 일이 아니었다.

나는 해방된 다음해(1946년)에 '새나라의 새싹'(국민학교 입학)이 됐다. 신기하고 자랑스러웠다. 해방은 독립이고, 독립은 바로 통일이라고 착각했던 때 제일 먼저 알게 된 신기한 노래가 있다. 초등학교 2학년이 됐을 때다. '우리의 소원은 통일'(작사 안석주, 작곡 안병원, 1947년) 제목부터 안쓰럽다.

> 우리의 소원은 통일 꿈에도 소원은 통일
> 이 정성 다해서 통일 통일을 이루자
> 이 겨레 살리는 통일 이 나라 살리는 통일
> 통일이여 어서 오라 통일이여 오라

동요 같으면서도 즐거운 노래만은 아니라는 사실을 알게 된 것은 시간이 지난 후였다. 함께 소원을 외치던 새싹들은 어느새 칠순을 넘겼고 한두 명씩 먼저 떠난 이들도 늘어나고 있다.

초등학교 5학년이 됐을 때 6·25 전쟁이 일어났다. 여름, 겨울 두 번씩 피난을 갔다가 다시 집으로 돌아 왔으나 아끼던 교실이며 운동장은 온통 군인 아저씨들이 차지해 우리는 이곳저곳을 찾아 야외수업을 해야 했다. 향교 창고, 군청 앞 느티나무 그늘, 비가 오는 날에는 교장선생님 관사 마루 등에서 공부를 했다. 시간이 지났어도 통일이 화두가 될 때면 그때 함께 소원을 외치던 동무들 생각이 난다. 우리는 그들을 처음에는 피난 온 애들이라고 했다가 나중에는 서울 애들이라고 불렀다. 서먹서먹한 마음이 풀어진 것은 함께 부르던 우리의 소원은 통일 덕분이다. 서울깍쟁이들도 우리가 잘 부르는 노래를 좋아하고 있다니 기분이 좋은 일이다.

세월은 지치고 무심했다. 10년, 20년… 40년, 60년 아들, 손자 두 세대가 지나가고 있는 것이다. 20여 년 전 현직에 있을 때 색다른 통일을 생각한 적이 있다. 탈북한 거물을 인터뷰하던 중이다.(1994년 9월) 상대는 김일성 종합대학 경제학 박사라고 했다.(현재는 국회의원) 궁금한 진실을 듣고 싶었으나 결론은 시원치 않았다. 우리 관계기관자가 자리를 같이 했기에 말을 아끼고 서로 신경이 쓰였다. 그래도 아직 잊을 수 없는 이야기가 남아있다. 탈북자의 질문이다. 남조선에 와보니 놀라운 것이 많은데 특히 이해할 수 없는 일이 있다고 했다. 북(北)에서는 통일 문제, 대남전략을 다루는 요인들은 10년, 20년, 평생 한자리에서 버티고 있는데 이곳은 그렇지 않은 것 같다는 것이다. 눈초리가 날카롭다. 어느 한곳이 뻥 뚫렸다는 생각이 들어 섬찟했다. 함께 자리를 지키던 우리 관계자도 궁색했는지 동문서답했다.

다시 바람이 분다. 통일은 대박이라고 했다. 그 바람의 크기와 모양, 색깔이나 맛은 아직 알 수가 없다. 미풍, 훈풍인지 강풍, 회오리바람인지 쓰나미, 태풍인지도 모르지만 바람이 분다. 잔칫날은 항상 어수선하다. 일꾼은 정신이 없고 훼방자도 설친다. 마련한 음식은 일품일 수도 있고 맛없는 상이 될 수도 있다. 서투른 요리사는 잔칫날 분위기를 망칠 뿐이다. 통일 바람은 준비이며 기다림이다.

전쟁이 난 다음해인 1951년 1·4후퇴 때 이산가족이 된 장모님은 아직도 믿지 않고 있는 것 같다.

"그 사람덜 어드렇게 믿나?"

통일은 짝이 함께 만드는 작품이라는 말인 것 같다. 며칠 전 서울에서 열린 한, 중 정상회담에서도 평화 통일이 오고갔다고 전하고 있다. 서둘 필요도 서두를 수도 없지만 바람을 기다린다. 우리의 소원은 통일이고 미래이기 때문이다.

4호차(車)

끈적한 주말이다. 출발이 늦었다고 짜증을 내는 사람은 없었다. 동행- 말을 안 해도 통하는 심심상인(心心相印)- 인연 때문인가. 낯선 얼굴도 구면이다.

비바람이 차 창문을 적셨다. 사람도 차도 얽혀 밀고 당겼으나 4호- 인정은 어느새 이웃이 된다.

올해(2013) 수필날 잔치는 경주에서 열렸다. 서울을 벗어나면서 자기소개를 서둘렀다. 상견례 내용은 한결같이 '달란트' 끼(氣)가 있는 문학소녀, 소년들의 바람이다. 시간에 쫓겼고 삶에 지쳤단다. -글을 쓰고 싶었다. 또 다른 속내를 털어 놓고 있는 퇴직한 기업인은 내 또래다. 평생 '일'만 했단다. 억울했던 모양이다. 나머지 시간은 자기의 삶을 살겠단다. 사람이 사는 이야기는 빼앗겼던 꿈이고 삶이 아닌가.

흐뭇한 사연이 있다. 부모님 간병으로 지친 친구를 설득, 함께 참석했다는 이야기다. 인간의 몸속에는 육체적인 병을 치료할 수 있는 인자가 있다면 마음의 병을 치유할 수 있는 능력도 있을 것이다. 소문난 지도 교수를 자랑하고 있는 팀들은 낯익은 얼굴들이다.

내 차례이지만 할 말이 궁했다. 엉뚱한 말을 던져본다. 글을 잘 쓰지도 않았고 노력하지도 않은 사람들이 많아 반갑다고 했다. 한두 자리에서 웃음소리가 들렸으나 야유는 아닌 것 같았다.

지난 6월 월간 한국수필은 잔치를 했다. 올해 새로 등단한 작가들을 격려해주고 관련 세미나도 했다. 평론가와 지도교수 등 3명이 주제 발표를 하고 의견을 주고받았다.

신변잡기나 이런저런 이야기는 수필이라기보다는 문학성 없는 잡문이라고 혹평한 주장에 다른 반론이 맞섰다. 수필의 출발은 이야기에서부터라고 했다. 자서전 쓰기보다는 자화상 그리기를 전환할 때가 됐다고 했다. 정보시대, 숱하게 쏟아지는 글, 수필이 살아남기 위한 수단과 방법을 모색하고 있다. 심판은 독자의 몫이다. 독자들의 입맛은 점점 까다로워지고 있다. 비슷비슷한 글, 베끼기가 수필은 아닌 것 같다. 수필분과 지연희 회장은 테마 수필쓰기를 권유했다. 유사품이나 표절에 대한 경고일수도 있고 전문적인 시야를 넓히라는 지적 같다. 글쓰기는 '생명의 피 돌기'라고 했다.

점심시간에는 여유가 생겼다. 행사 팀이 머리를 썼다. 4대의 경주행 버스를 두 팀으로 분산, 서로 다른 휴게소로 안내했다. 식당은 혼잡하지 않았다. 다른 팀의 진행위원으로 수고했던 2명의 문우를 국수집에서 만났다. 허물없는 이들이다. 커피를 마시는 내 꼴이 촌스러웠던 모양이다. - 노인티를 낸단다. 커피를 빨대 대신 컵 덮개를 열고 있는 중이었다. 눈 밑에 인생테가 겹겹인데 - '우정' 있는 힐난인가. - 웃어본다. 통통 튀는 글을 쓰고 싶지만 늙음은 지울 수 없다.

경주 행사는 풍성했다. 상을 받는 작가들의 얼굴에는 꿈이 피었다. 환영사, 축사, 답사, 참석 내빈자 소개 등등 - 경주 문화 유적과 수필문학 - 강연이 이어졌으나 자리를 뜨는 이들도 보였다.

'수필의 허물벗기'라는 충고는 공감이 간다. '경주'의 '경주'라고 자랑하는 안압지 야경은 1천년 역사의 축소판인가 매혹적이다.

경주는 서너 번 다녀간 적이 있다. 60년 4·19 학생혁명 이후 대학생의 인기는 상종가를 쳤다. 대학 2학년 때 기억이다. 경주는 황량했다. '동양최대'라는 첨성대는 쓰레기통이 됐고 왕릉은 파헤쳐졌다. 불국사와 석굴암은 버티고 있으나 안압지, 포석정, 황룡사 터는 가물가물했다. 6·25전쟁이 끝난 지 10여년이 되지 않아 그럴 수밖에 없다고 위로 했으나 역사는 잔인했다.

역사는 진실(Fact)이지만 평가는 각각 다르다. 경주를 찾을 때마다 '만약'을 생각한 적이 있다. 고구려- 백제- 신라가 동맹, 3국 통일을 이루었다면 만주-중원은 우리의 땅이 되지 않았을까 하는 아쉬움이다.

'민족 문학'의 발상지인 경주를 세계적인 문화도시로 발전하고 있다는 축사가 실현됐으면 더 자랑스러울 것 같다.

숙소인 청도 운문산 휴양림을 찾아 가는 길은 비틀비틀 어지러웠고 합숙소 같은 잠자리는 불편했지만 다음날 아침에는 서로 밝은 표정으로 맞았다.

시인은 숲속에서 술잔을 돌리고 소설가는 이야기보따리를 열어 논다고 했다. 바람소리에 물소리에, 벌레 노래에 젖는 사람들은 수필가인가. 짙은 계곡 싱싱한 아침이다. 수필의 날 행사는 자선단체에서 열어주는 경로 잔칫날은 아닐 것이다.

3.

민드로 섬에서 생긴 일

민드로 섬에서 생긴 일

7월 31일

우기(雨期) 때문인가. 후텁지근하다. 몇 번이고 미루다가 작심, 떠난 길인데 민드로(Mindro) 섬 Roxs지역을 찾아가는 길은 위험하고 지루했다. 마닐라 서남쪽 중국해에 위치한 섬은 제주도 2배 크기에 100만 명 안팎의 주민들이 상주하고 있다. 박 원장이 설립 운영하고 있는 모리아 자립선교단(Moriah Mission of self-support)은 1년 전에 이 섬 Roxs에 정착, 섬 원주민들을 대상으로 기독교 선교사업을 추진하고 있다.

수 천 개의 필리핀 섬 중, 일곱 번째로 크다는 이 섬을 찾기 전까지 나는 다소 기분이 들떠 있었다. 태평양 가운데 떠있는 크고 작은 섬, 섬… 분명히 낭만적인 휴양지로, 방문객을 유혹할 것으로 기대했으나 섬에 도착하는 순간 첫 인상은 썰렁했다. 차창 밖에서 지나치는 취락은 마치 이사 간 빈집의 정원 같았다. 마닐라에서 시루 속 콩나물 같이 복잡한 연안 여객선을 이용, 섬에 도착했을 때부터 맥이 빠졌다. 목적지인 Roxs까지는 또 다시 꼬불꼬불한 산길을 따라 6시간 이상을 달려야 한다는 설명에 짜증이 났다. 섬 자체가 산악지대인데다 치안까지 열악해 정글 속에서는 이 나라의 골칫거리인 좌파 게릴라 단체인 반정부 인민 해방군(NPA)이 해방구를 구축하고 있다는 운전기사의 설명에 감전된 것 같이 충격을 받았다. 비포장 고갯길을 오를 때마다 낡은 봉고차가 헐레벌떡 한숨을 토해냈다. 우선 해가 넘어가기 전까지 선교재단에 도착하는 일이 급해졌다. 그렇지 않아도 난폭운전인 기사는 마치 스포츠 경기를 하듯 액셀러레이터를 마구 밟아댔으나 잔소리를 할 수가 없었다. 오지에서 선교활동을 하고 있는 친구를 찾아가는 길은 예상보다 험하고 먼 길이었다.

8월 1일

오밤중에 닭 우는 소리에 잠이 깼다. 새벽 4시다. 여독이 풀리기도 전에 부지런한 수탉이 훼방을 부렸으나 섬 오지의 새벽 공기는 신선하고 상쾌했다. 사방이 회색아파트 상자에서 탈출했다는 해방감에, 친구와의 약속을 지키기 위해 먼 길을 달려왔다는 안도감에 스스로 만족했다. '찌르륵 찌르륵 후닥 후닥'

이름을 알 수 없는 섬에 사는 텃새들이 숲속에서 텁텁한 목소리로 요란하게 하루를 열고 있다.

원장은 이미 밀짚모자를 눌러쓰고 벼가 심어져 있는 논을 돌아보기 위해 들판으로 나갔다. 원장 부부는 독실한 예수쟁이(친구들 표현)지만 정글 오지에서 '하나님 사업'을 하기로 결심했다는 소식을 들었을 때는 반신반의했다. 다른 친구들의 반응도 마찬가지였다. "너 지금 미쳤냐.", "나이가 몇 살인데.", "부동산 투기했구나." 걱정 겸 비아냥거림으로 쑥덕거렸으나 개의치 않고 서울생활을 정리했다. 그리고 몇 번의 현지답사를 통해 차분하게 농사 준비를 해나갔다. 그는 처음부터 선교사도 목사도 아니었고, 농사 경험도 없었다. 중앙경제부처의 차관이었던 그는 나중에는 잘 알려진 대기업체에서 사장, 부회장을 지냈다. 소위 경제통 테크노크라트였으며 엘리트였다.

퇴직 후에는 여유가 있었고 때로는 해외 골프에 빠지기도 했다. 필리핀을 비롯해 동남아 각국 리조트를 돌면서 여생을 즐기고 있던 어느 날 갑자기 회의가 생겼다고 했다. 자식들은 하나 둘씩 둥지에서 날아갔고, 평생 출세만을 위해 달려왔던 자신의 모습이 왠지 초라해졌다. 2~3년 전, 필리핀에서 골프를 즐기고 귀국하던 길에 우연히 정글 속에서 살고 있는 원주민을 숲속에서 만난 것이 제2의 인생을 살게 된 계기가 되었다.

단지 생존만을 위해서 원시적인 방법으로 살고 있는 그들을 발견했을 때, 무엇인가 무거운 것이 자신의 어깨를 눌렀다고 했다. 귀국 후 몇 달 동안 갈등 속에서 안절부절못했다. 정글 속에서 살고 있는 어린이들의 초롱초롱한 눈동자를 지울 수가 없었다고 했다. 불우한 이웃, 어린 그들을 위해 무엇을 할 수 있을까? 어떤 의무감 같은 것이 용솟음쳤다. 고민 끝에 선택한 길은 하나님 사업을 통한 선교활동이었다.

논길을 걸으면서 그때의 심정을 털어 놓는 친구의 목소리는 차분했지만 '하나님이 자기에게 재갈을 물렸고 인도해 주셨다'는 고백에는 힘이 들어갔다. 친구의 신앙고백을 듣다 보니 2시간이 지났다. 끝이 잘 보이지 않는 들판, 짙은 초록색 융단을 펼쳐 놓은 것 같은 논자락이 새벽 햇살에 출렁이고 있었다.

모를 심은 지 1개월이 지났으니, 3개월 후에는 다시 벼가 영글고 들판에서는 우렁우렁 탈곡기 소리가 들릴 것이라고 자랑했다. 작은 '하나님의 나라'를 설계하고 있는 그의 정열과 소신이 부러웠다.

미국의 작가인 오 헨리(O. Henry)는 '이 세상에서 몇 년 더 사는 것보다는 가치 있는 일을 얼마나 하느냐가 문제'라고 했다. 누구나 석양에 비친 그림자는 아름다워지기를 원하고 있으나 그 잔영은 당연히 피사체에 따라 달라질 것이다.

8월 3일

더위에 찌그러진 그믐달이 코코넛 나무 가지에 걸려있다. 구름 속으로 숨었다가 다시 얼굴을 내보이면서 잠을 청하고 있는 나를 찾고 있다. 자정이 지났으나 잠이 오지 않았다. 창문에는 방충망을, 침대 위에는 모기장까지 쳐놓았으나 열대지방의 고약한 독벌레들이 공격, 나를 괴롭히고 있다. 논길을 돌면서 엄숙하게 털어놓던 친구의 말을 되새겨 본다.

아주 오래전에 충격을 받았던 카타콤(Catacombs) 공동묘지의 동굴 안이 떠올랐다. 기독교도들의 공동묘지다. 로마초기에 극심하게 박해를 받던 기독교도들이 지하로 숨어들어 하나님을 경배하고 그곳에서 일생을 마쳤던 또 하나의 성전이다. 지하 3~4층까지 통하는 미로안 공기는 축축했고 음산했다. 동굴 벽 속에는 잔해만 남아있는 기독교도들의 육신을 확인할 수 있게 장치해 놓고 있다.

복음과 영생- 부활- 하나님의 세상을 꿈꾸다 죽임을 당했던 기독교도들의 정신은 어떤 것인가. 혼(魂)은 하늘로 올라갔고 육신만 지하 묘지에 남아 있다. 로마의 역사가들은 이 시대를 '피의 시대'라고 부르고 있다. 마포, 한강, 양화나루터 절두산에도 선교하다 참수 당했던 수많은 기독교도들의 영혼이 숨 쉬고 있다. 개화기에 많은 조선 사람들의 눈과 귀를 트이게 해 주었던 야소교의 철학은 무엇이었을까? 원장이 그리고 있는 하나님의 작은 동산은 무엇을 의미하고 있을까? 잠이 오지 않는 이유는 더위 때문만은 아니었다.

8월 5일

필리핀은 100개 이상의 인종으로 구성된 다민족 국가다. 사용하고 있는 언어만도 80여 개가 된다. 민속과 문화가 지역에 따라 다르다. 민드로섬 정글 속에서 살고 있는 맘가얀족(mangayan)들은 21세기에 살고 있는 원시족이다. 아프리카 부시맨이 이 정글 속에서도 살고 있다. 성인 남자 키는 130~140cm. 몸무게는 40kg 수준으로 왜소하다. 수명은 기껏해야 40세 정도. 아직도 일부 남자들은 신체의 주요한 부분만을 가린 채 바이킹 칼을 들고 산속을 헤매면서 매일매일 먹을거리 사냥을 하고 있다. 평생 8~9명을 생산하고 있다는 여자들은 자연스럽게 가슴을 드러내놓고 아이들에게 젖을 먹이고 있다. 공통어인 영어나 타카로어는 아예 모르지만 저들 자체 언어를 갖고 있어 필리핀 사람의 통역을 통해서만 대화가 가능했다.

원장이 계획하고 있는 1차적인 선교대상 지역의 벌거벗은 모습이다. 먹을거리 이외에 의(依)와 주(住)는 중요하지 않다. 평생 쌀밥을 마음껏 먹고 싶다는 것이 이들의 꿈이다. 선교재단은 2주일에 한 번 꼴로 이들을 찾아가 주로 어린이들을 대상으로 선교활동을 하고 있다. 복음을 전해주면서 찬송가를 함께 부르고 하나님 앞으로 인도해 주고 있다. 어린이들을 위한 빵과 과자, 어른들을 위한 쌀자루가 봉고차 안에 가득 차있다. 비록 대나무와 나뭇잎, 갈대 등으로 엮은 보잘것없는 장소이지만 이들에게 우선 예배 장소인 교회를 세워 주겠다는 것이 원장의 다음 계획이다. 이들에게 학교를 지어 주고 사람답게 살아가는 길을 인도해 준다는 것이 장기 계획이다.

돌아오는 길은 모두가 피곤했다. 정글 속에서 왕복 6시간을 보냈다. 독충에 물린 자국이 벌겋게 부어오르고 있다. 답답했다. 그 정글 속에서 아직은 진정한 기도소리가 들리지 않고 있는 것 같았다. 선교활동을 하고 있는 친구도 지쳐 있었다. 1년 만에 다시 바라본 그의 모습은 나이보다 10년이 더 늙은 것 같았다.

8월 8일

쾌청했으나 새벽부터 수은주가 급상승하고 있다. 오늘은 선교재단 논에 모를 심는 날이다. 며칠 동안 뿔이 하늘로 치솟은 물소가 쟁기를 들고 다니며 논바닥을 뒤집어 놓고 다시 써레질을 했다.

전원풍경은 50~60년대 우리들 고향의 모습이다. 모내기 일당 2천원에 100명의 인부를 동원, 하루에 7천 평의 논에 모를 심기로 했다. 장관이다. 원색 T셔츠 반바지에 두 눈만 반짝이는 하루 농부들의 모습이 인상적이다. 자립선교를 위한 전제 조건은 현지에서의 경제적인 자립을 의미한다.

박원장의 원칙은 경제통답게, No Work, No Pay다. 필리핀은 전형적인 농업국가이며 인디카(쌀)가 주식인 나라이지만 현재 쌀이 부족한 나라다. 이해하기 어려운 현실이다. 50년대에 농지개혁을 했으나 완전히 실패했다. 토지는 다시 뿌리가 깊은 토후들에게 돌아갔고 대부분의 농민들은 소작농으로 밀려났다. 필리핀은 배곯던 우리들에게 녹색혁명을 성취시켜 주었던 나라였다. 마닐라 국제 벼연구소(IRR)에서 개발한 기적의 볍씨가 바로 통일벼의 원조다.

8월 10일

한류(韓流)가 필리핀을 강타하고 있다. 저녁초대를 해준 안목사는 이 나라에서 10년 이상 선교 활동을 하고 있는 자신감이 넘치는 50대 목사다. 화제도 다양했다. 80%가 가톨릭 신자인 이 나라에서 개신교 목사로서 자리 잡기가 쉽지 않았으나 이제는 자신이 생겼단다. 필리핀을 찾는 한국인은 KAL과 아시아나에서 집계한 숫자만 한 달에 10만 명이나 된다. 관광객과 여행자, 골퍼와 운동선수들, 영어연수생에 최근에는 추악한 한국인까지 늘어나고 있어 걱정이란다. 상주하고 있는 한국 선교사와 목사만도 1만 명이 된다고 했다.

8월 15일

귀국길에 올랐다. 몇 달이 지난 것 같다. 더위에 지쳤는지, 봄, 여름, 가을, 그리고 눈 내리는 풍경이 그립다. 수십 년 만에 다시 본 마닐라 하늘은 잿빛으로 바뀌어 있다. 공해에 찌든 도심지에 궁기가 드는 주택가, 피곤해 보이는 행인들의 모습, 마닐라는 지쳐있었다. 우리의 1인당 국민소득이 87달러(62년)에 그쳤을 때 이들은 이미 220달러를 기록했다. 최소한 필리핀만큼 잘 사는 나라가 되는 것이 우리들의 꿈이었다. 마닐라에 유치했던 ADB(아시아 개발은행)는 60~70년대 우리들에게 금고 역할을 했었다. 6·25전쟁 때는 탱크까지 몰고 와 용기를 주었던 나라다. 필리핀의 현재 1인당 국민소득은 1300달러 수준이다. 2006년 우리는 2만 달러를 기록했다. 필리핀의 현실을 보고 '잃어버린 40년'이라고 분석하고 있다. 무능하고 부패한 지도자들, 계속 불안한 정치상황, 연고주의와 편가르기 등이 남긴 슬픈 유산이다. KAL이 방향을 북동으로 바꾸면서 고도를 낮추고 있다.

문간방 명암(明暗)

- 노인정 이발소 소묘

삼성 일가(一家)의 돈 얘기가 화젯거리다. 아파트단지 입구 노인정 이발소에서도 그 얘기가 한창이었다. 사회에 환원키로 했다는 돈 규모가 8천억 원이나 되는데, 모두가 입을 벌리고 있다. 이발 순서를 기다리는 최고 연장자 한 분이 말문을 열었다.

"이번 삼성의 결단은 나라 안팎의 기부사(史)에 처음 있는 거금이다." 5백만 명에게 16만원씩 나누어줄 수 있는 돈이라는 계산이다. 노인의 주장은 계속됐다. 더 이상 이러쿵저러쿵 시비가 될 수 없다. 삼성은 역시 '대단한 기업'일 뿐 아니라 세계적으로도 자랑스러운 기업이다. 결론은 긍정적인 평가가 앞섰다.

노인정 문간방에 자리 잡고 있는 이발소에는 드나드는 손님이 끝이 없다. 대부분 칠순이 넘은 어른들이지만 가끔은 젊은 손님들도 찾아오는 곳이다. 얘깃거리가 다양하고 나름대로 세상 돌아가는 소식도 튀어나오고 있어 움직이는 사랑방이 되고 있다.

첫 의견에 대한 반론이 만만치 않았다. 두 번째 손님의 의견은 축재과정에 대한 정당성을 따지고 있었다. 위기를 벗어나기 위한 응급조치는 퇴색될 수밖에 없다고 했다. '개같이 벌어서 정승같이 먹는 세상'은 바뀌고 있다는 주장이다. 양비론도 한몫했다. 강요당한 분위기를 의식해서 내린 결단이라면 잘못됐다는 해석이다. 또 하나의 다른 죄악이라고 했다. 돈을 내던지듯 거금을 내놓고 있는 기부자의 자세 역시 잘못됐다고 했다.

이발소 손님들의 얘기를 듣다보니 결국은 '노블리스 오블리제(nobles oblige)'와 맥을 같이 하고 있었다. 사회지도층 인사들에 요구되고 있는 높은 수준의 도덕적 의무를 말한다. 자발적인 헌신과 봉사, 목숨같이 지켜온 명예감 등, 옛 로마인의 자존심이다. 한때 세계를 지배했던 로마의 전통은 지배계층의 솔선수범에서 연유했다. 로마가 하루아침에 이루어진 것이 아니듯 명문가(名門家)의 전통 역시 피와 땀의 결정체라고 할 수 있다.

영국의 명문고인 이튼칼리지 출신 2천명이 1, 2차 세계대전에 참전, 모두 희생당했었다. 6·25전쟁 때 미군장성 아들 142명이 참전, 그중 35명이 끝내 귀국하지 못했다. 교복을 입고 전쟁터인 낙동강 마지노선으로 달려간 이 땅의 젊은이들은 '군번 없는 학생 의용군'이라는 이름을 남긴 채 이름 없는 산야에서 산화했다. 생(生)과 사(死)를 가늠한 희생정신 앞에서는 옷깃을 여미게 하고 있다. 그들은 한결같이 10대들이었다.

12대 300년을 지켜온 경주 최부잣집의 가훈 역시 전설같이 이어지고 있다. '1년에 1만석 이상을 모으지 말라. 흉년에는 남의 논밭을 사지 말라. 자기 땅 사방 100리 안에서는 굶어죽는 이웃이 없게 하라.' 명가(名家)의 철학은 이 시대를 살아가고 있는 후세인들에게 귀감이 되고 있다.

버드나무로 상징하고 있는 유한양행의 창업주 유일한의 2대(代)에 걸친 자발적인 재산환원 역시 당시 기업풍토에 새로운 이정표가 됐다. 기업이윤 전액을 학교사업과 전문경영인 양성에 투자했던 정신은 불법, 탈법, 재산도피가 만연했던 60년대 얘기다. 사회지도층에게는 더욱 엄격한 윤리와 책임이 요구되고 있음을 실증하고 있는 교훈이다.

'윗물이 맑아야 아랫물도 맑다'는 격언은 진리다. 중국의 저우언라이(周恩來)가 죽었을 때 남긴 총재산은 단돈 5천위안(약 60만원)이라고 했다. 진상을 알게 된 13억 명의 인민들은 감탄했고 진심으로 그를 존경했다. 죽어서도 살아있는 사람이 있고 살아서도 죽은 인간이 있다고 했다. 최근 북경에서 날아온 몇 줄의 뉴스 역시 부럽다. 갈망하고 있는 지배층의 모습이 그곳에 있기 때문이다. 원자바오(溫家寶) 중국 총리가 탄광사고 현장으로 달려갔을 때 비화다. 눈물을 머금고 유가족의 두 손을 잡고 입을 열었다. "너무 늦게 와서 미안하다"고 사과했다. 그 어떤 변명이나 해명도 없었다. 지켜보고 있던 인민들은 "이 같은 총리를 갖고 있는 것이 행복하고 자랑스럽다."고 감격했다. 정치인의 단순한 제스처라고 해도 좋지만 총리가 입고 있던 점퍼는 10년 이상이 된 낡은 겨울옷이었다고 한다. 수신(修身)없는 치국(治國)은 위선이며 사기다. 선동과 이간질로만 국민을 이끌고 나갈 수는 없다. 위임받고 혜택을 즐기는 지배계층의 언행에는 그 몇 갑절 이상의 비용이 뒤따라야 한다.

계층 간의 갈등을 해소할 수 있는 최고, 최단의 수단은 지도층의 도덕적인 의식이다. 땅 투기와 탈세, 병역기피, 재산은닉, 이중국적 등, 악취가 진동하더니 이번에는 골프가 말썽이 되고 있다. 산불이 나고 물난리가 나 아우성을 쳤을 때도 상관없었다. 오로지 골프타령이었다. 3·1절 날에도, 철도사건으로 대중의 발이 묶여 있을 때도 '굿 샷, 나이스' 덕담을 날렸다.

옛날 사대부(士大夫)들은 수신제가치국평천하(修身齊家治國平天下)를 삶의 신조로 섬겨왔다.

노인정 문간방 이발소는 거리의 사랑방이다. 토론장이 되는가 하면 구수한 이야기 방이 되고 있으나 푸념이나 넋두리는 들을 수 없다. 항상 5, 6명의 손님들이 기다리고 있는 이유는 그 때문이다. 이발소를 찾을 때는 '노인은 지혜'라는 속담을 곰곰이 반추해 본다.

신 오복론

인사동 길을 거닐다 보면 가끔 관심을 끄는 일들이 있다. 가로수 경계석인 화강암 위에 백수백복(百壽百福)이라고 음각한 글씨도 그중의 하나다. 오래오래 살면서 만복을 누리라는 뜻일게다. 옛 양반님들이 평생 추구했던 염원 역시 오복이다. 수(壽), 부(富), 강녕(康寧)에 유호덕(柳好德) 고종명(考終命)이다. 고령화 문제로 의견이 분분했던 자리에 백수백복의 진정한 의미가 무엇일까? 화두를 던져봤다.

첫째 조건은 건강이라는데 이의가 없었다. 다만 까다로운 단서가 따르고 있다. 단순히 호의호식, 상업적인 웰빙식의 만수무강에는 동감할 수가 없었다. 배고픈 소크라테스가 될 수도 없지만 그렇다고 배부른 돼지를 원하는 것은 아니다.

WHO(세계보건기구)가 규정한 현대인의 건강조건 역시 정신적인 측면을 강조하고 있다. '한 사람의 육체뿐 아니라 정신, 더 나아가 사회적으로 건강한 상태를 함께 갖추어야 비로소 건강할 수 있다'고 했다.

아무리 황금만능시대라지만 두 번째로 등장한 의견은 돈보다는 의외로 반려자였다. 대가족 제도는 이미 붕괴했다. 호주제도마저 흔들리고 있다. 조강지처만을 고집하는 것도 아니다. 시대의 흐름인가. 수절에 대한 해석은 다양해지고 있다.

얼마 전 삶을 포기했던 VIP 한 분에 대한 얘기가 또 등장했다. 그때 '동행자'가 있었더라면 그렇게 허무하게 삶을 포기하지는 않았을 것이라는 풀이다. 몇 명의 효자보다 한 명의 악처가 더 정겹다고 했다. 늙은 아내, 예금통장, 함께 살아온 한 마리의 애견이 필수품이라고 주장한 것은 서양의 노인들 의견이다.

그렇다고 돈의 가치를 부인할 수 없다는 의견이 세 번째 조건이다. 당당하고 사람답게 살기 위한 최소한의 여유가 돈의 필요성이다. '돈, 그것이 없다면 나머지의 5감은 제대로 사용할 수 없는 6감'이라고까지 했다.

'아버지가 누더기를 걸치면 자식들도 소경이 되지만 돈주머니를 차고 있으면 모두 효자가 된다.'고 했다.(「리어왕」 중에서)

돈을 경시할 수는 없으나 돈에 대한 추악한 집착은 악일 수밖에 없다. 담론은 계속됐다. 점차 소외당하고 있는 세대일수록 긍정적인 일거리가 있어야 된다. 심심풀이나 풍류가 아니다. 이제 평균수명이 80세가 되고 있다. 퇴직 후에도 최소한 20년 아니면 그 이상의 시간을 노년에 활용해야 한다. 단순히 소비적인 무위도식은 죄악이 되어가고 있다.

끝으로 제시된 조건은 우정(친구)에 대한 애착이다. 보람 있는 진정한 우정은 또 다른 삶의 반려자가 될 수 있다. 누구인가, '가장 훌륭한 만병 통치약은 친구'라고 강조했다. '우정은 부부 사이에 있어서 애정과 흡사하다.'(박두진의 「우정」에서)

65세 이상 되는 노인 중 20%가 혼자 살고 있다는 통계다. 자식들은 떠나가고 있다. 일본에서는 고식(孤食)인구라는 새로운 층이 형성되고 있다. 함께 어울릴 수 있는 말벗도 없다. 하루 세 끼를 혼자 먹으며 살고 있는 외로운 노인들을 칭하는 신조어다. 외롭고 쓸쓸하다. 종말은 자살이기에 사회적인 문제가 되고 있다. 남의 얘기만은 아닌 것 같다. 일본 노인들이 찾아낸 처방은 매우 긍정적이다.

어떤 상태에 처해도 서둘지 말고 참자.

서로 사랑하고 사랑받는 사람이 되기 위해 노력하자.

수족을 항상 움직이고 무엇이든 만들자. -공작-

갑론을박 끝에 백수백복의 새로운 해석을 정리했다.

건(建)·처(妻)·재(財)·사(事)·우(友), 당연히 반론이 제기될 수 있지만 이 다섯 가지의 조건을 우리들은 소시민적인 '신 오복론'이라고 불렀다. 영국의 작가 버나드쇼(George Bernard Shaw)는 94세까지 건강하게 즐기면서 자신이 좋아하고 있는 일, 희곡쓰기를 계속했다. 그럼에도 불구하고 그는 자기가 직접 새겨 놓은 묘비명(墓碑銘)에 '우물쭈물 하다가 내 이럴 줄 알았다.'고 경고했다.

충동의 계절

봄이 가기도 전에 어느덧 바겐세일 광고가 요란하다. 철 따라 바뀌는 계절상품이야 365일 1년 내내 계속되고 있었지만, 올봄 세일작전은 유난히 성급한 것 같다. 불황 타개책의 하나인지 상술이 앞섰기 때문인지 도시의 봄은 분명 조급해졌고 정(靜)보다는 동(動)적이고 자극적이다.

길가 현수막부터 세일광고가 나붙기 시작하더니 상가 유리창에, 대량 할인매장과 백화점에서 끝내는 광고전단까지, 총공격이다. 광고 내용도 시끄럽다. 위협적이고 충동적이다. 때로는 소비자들을 은근히 유인하더니, 끝내는 읍소하기도 한다. '봄 상품 초특가, 전품목 70%~80% 폭탄세일, 00업계사상 최악의 불황, 왕창 망했다, 폐업, 총정리' 이런 광고도 있다. '이 기회 놓치면 인생 마지막'이란다. '창사 이래 최초, 최고 브랜드

신규상품 첫 공개' 마치 선거유세를 흉내낸 것 같기도 하고, 사기판 에서나 볼 수 있는 그런 광고도 허다하다. '쇼핑찬스, 이번이 마지막' 동원할 수 있는 각종 상술 지혜를 총동원했다. 바겐세일을 하거나, 광고작전을 벌이는 것은 분명히 경제활동중의 하나다. 특히 알뜰한 서민들에게는 세일기간을 잘 활용한다면 큰 도움이 될 수도 있다. 그럼에도 불구하고 아직은 바겐세일 상품을 100% 그대로 믿지 못하는 이유는 분명하다. 대량상품, 대량소비, 그리고 대량 폐기하는 계절상품이고 보니까, 우선은 질보다는 상술이 앞서는 것 같다. 뿐만 아니라, 쏟아지고 있는 각종 정보, 마켓들의 전략, 그럴듯한 전시, 상품 경쟁 등등이 한결같이 충동적이기에 불신하게 되는 것 같다.

충동구매는 계획구매와 상반되는 행위다. 언제인가 영국의 선데이 타임스는 어떤 이유든 간에 소비자들이 '충동적으로 상품을 구매하는 행위는 정신병의 하나로 전문의사들이 공식적으로 인정했다.'고 보도한 적이 있다. 전문의사인 이시형 박사도 '충동적인 구매행위는 병적인 증상'이라고 했다. 순간적으로 유혹적인 세일광고에 넘어갔든, 친구 따라 강남에 갔든지 간에 충동구매를 즐기는 행위는 정상적인 판단은 아니라는 분석이다.

4월 어느 날, 관인이 찍혀 있는 봉투가 배달되어 왔다. 이번에는 상품 세일광고가 아닌 국회의원 선거와 관련된 관보 봉투였다. 그러고 보니 아파트 입구 벽에 붙어 있는 수십 명의 선거 입

후보자 안내 광고문을 본 적이 있다. 공(公)적으로 보낸 관보봉투 표지에는 이렇게 프린트되어 있었다. 또 다른 광고 내용이다. 철 따라 상가 벽에 붙어 있는 바겐세일 광고문과 비슷하다.

투표안내문
후보자 정보, 공개자료, 소형 안내문 동봉
'바로 알고 바로 찍으면 대한민국이 바로 섭니다.'

중국 당나라 때 관리를 뽑는 시험에서 정확한 인물을 평가하기 위해 세워놓은 기준 하나는 신언서판(身言書判)이었다.

쓸 만한 관리를 골라내는 자격기준으로 외모는 물론 신체가 건전하고 언변, 즉 말과 생각함이 분명하고, 글씨를 제대로 쓰고 판단을 올바르게 해야 합격시켰다는 말이다. 선거관리위원회에서 보내준 안내광고 내용을 읽다보니 엉뚱하게도 당나라 사람들의 눈이 높았고 지혜가 대단했다는 생각이 들었다. 우리들에게도 선거철마다 사람을 골라내는 원칙과 기준을 세워놓기는 했다. 다만 골라낸 '상품'들이 간혹은 함량이 부족했거나 처음부터 저질품이 아니면 쓸모가 없는 것들이었기에 문제가 된 것이다.

학연 때문인지 지연이나 혈연 때문에 어쩔 수 없이 질 낮은 상품을 구매할 수밖에 없었던 것인가, 누가 충동질을 했기 때문이 아닌가 의심이 든다.

4월로 접어들면서 '선거 세일'은 전투적인 상황으로 돌변했다. 목숨을 내걸고 싸워야겠다는 각오가 터져 나오기 시작했다. 각

팀의 좌장이나 간판세일즈맨들은 한결같이 결사적이다. 남, 북, 동, 서, 서울, 지방 가릴 것 없이 난장판이다. 자기회사 상품을 사달라고, 또는 의무적으로 구매해야 한다고 두 손 모아 호소도 했고, 다른 한편에서는 수없이 땅바닥에 엎드려 이마를 조아리기도 했다. 두 주먹을 잡고 하늘을 향해 고함을 치는 광고 소리도 크게 들렸다. 이번 국회의원에 출사표를 낸 후보자는 모두 1천 1백여 명에 3대 1의 경쟁률을 보이고 있다. 이유야 어쨌든 이중에는 전과자가 10%이상(166명) 되기도 하고, 병역 미필자가 전체의 18%나 된다고 했다. 후보자 중에는 1백 억 원의 재산가도 있으나, 지난 5년간 5천 6백만 원의 세금 밖에 내지 않은 거물도 있다고 했다. 바로 알고 바로 선택해야 대한민국이 바로 설 것이라고 했던 선관위의 안내문을 다시 읽어 봤다.

시장판에서 사들인 바겐세일 상품은 마음에 들지 않는 불량품이라면 팽개칠 수도, 남에게 줄 수도 있다. 그러나 선거에서 골라낸 상품은 그렇게 간단히 처리할 수 없는 일이고 보니 큰일이다. 하기야 잘 나가는 다른 나라에서도 한때는 선거전에서는 충동적이고 사기적인 유인책을 동원할 때가 허다했다는 얘기다. 한 예로 강이 없는데도 다리를 놓겠다고 사기를 쳤다. 유권자가 강이 없다고 소리치니까, 강을 팔 수도 있고 강물을 끌어댈 수도 있다고 했단다. 유인책이 아니면 충동질이다. 이번 '장날'에 내놓은 바겐세일 상품이 불량품은 아닌지 따져봐야겠다.

역사는 항상 바른길로

정신사적으로 볼 때 우리 사회는 총체적 위기입니다. 땅은 남과 북으로 양단되고, 사람들은 저마다 욕심으로 가득 차 있습니다. 남을 칭찬하기보다는 헐뜯기를 서슴지 않습니다. 날마다 때와 장소와 관계없이 네편 내편을 나누고 동과 서로 가르며 융합할 줄 모릅니다.

인간은 관계적 존재다, 관계가 허물어진다, 관계가 몰락한다는 것은 사회구조가 허물어진다는 것과 같은 이치입니다.

저번에 어느 당 수장되는 사람이 늙은 노인들을 무시하고 업신여겼다는 말을 들었을 때 처음에는 귀를 의심했습니다. 정치꾼들이 만들어낸 모함일 것이라고 생각했습니다.

그러나 그것이 아니었습니다. 그 수장의 발언은 불행스럽게도 의도적으로 그것도 공개적으로 행해진 것으로 밝혀졌습니다. 참 한심한 일이라 생각되었습니다.

"60~70대는 4월 15일의 투표를 안 해도 괜찮다… 집에서 쉬셔도 된다."고 했다는 말입니다. 마치 신판 고려장 같은 충고입니다. 늙어서 쇠약해진 노인들을 산째로 흙구덩이(묘실)에 옮겨 막아 두었다가 죽은 뒤 그곳에서 장사 지내는 방법이 고구려 때의 고려장 제도랍니다. 노인들은 집안에서 처박혀 있다가 때가 되면 죽으라는 악담이 아닙니까. 소름 끼치는 말입니다.

그나 그뿐인가! "최근에 변화가 있고 촛불집회의 중심에 젊은이들이 있다. 미래는 20, 30대들의 무대."라며 "60대 이상 70대는 투표 안 해도 괜찮다."고 말했다니 말입니다. 이게 무슨 망발입니까? 정치나 사회가 신의를 추락시키고, 권력의 시녀가 아니면 돈의 노예로 전락해 갑니다. 우정이나 사랑도 이제 돈으로 팔고 사는 상품으로 시장형 상품으로 전락되어 갑니다. 이제 인정도 네 편이 아니면 내 편입니다.

편가름을 한 것입니다. 처음에는 남북 간을, 그 다음에는 반쪽에서 동서 간을, 또 최근에는 계층 간에 편을 가르더니, 이번에는 세대 간을 가르고 있는 것입니다. 아들과 아버지, 할아버지와 손자를 편 가르자는 것입니다. 이어 "꼭 그분들(60, 70대)이 미래를 결정해 놓을 필요는 없다."며 "그분들은 어쩌면 무대에서 퇴장하실 분들이니까."라고 했다는 것입니다. 역사의 가르침도, 자식도 없고 선배도 없고 배고픈 빵을 먹어보지도 못한 망나니 같은 놈들의 소리 같습니다. 늙은 노인들은 방 속에 있는 고려장보다 더 빨리 처리해야 될 늙고 병든 당나귀 같은 존재라는 말입니다.

어쩌다가 이렇게 되었습니까. 정치욕망 때문입니까? 대권 꿈 때문에 이렇게 된 것입니까? 간사한 개인의 부덕 때문입니까?

지금 누가 무엇이라고 또 듣기 좋은 거짓말을 한다고 하더라도 진실을 알고 있습니다. 진실은 잠시 동안 숨길 수 있으나 끝까지 숨겨지는 물건이 아닙니다. 지금의 늙은 노인들은 새 역사를 창조했던 주역들이었다는 사실을 알게 됩니다. 피눈물을 삼키면서 우리가 살아온 땅덩어리와 오늘의 다음 세대를 키워왔었고 앞으로도 지켜야 할 것이라는 사실을 알고 있습니다.

그런 말을 한 사람들에게 다시 한 번 묻고 싶습니다.

60년대 초 우리들은 어디에 가서 무엇을 보고 듣고 느꼈는가 생각이나 해보았습니까. 잘 살고 있는 독일이라는 나라 탄광과 병원에 우리 젊은이들이 돈 벌러 갔었습니다. 40도가 넘은 열사의 나라에 가서 수로를 놓았습니다. 그때는 우리에게 공장도 없었고 쌀도 제대로 없었고 기름도 없었습니다. 길도, 기차도 자동차도 제대로 없었습니다. 탄광은 세상의 제일 끝장이고, 막장입니다. 지하 1천미터 되는 지옥 같은 땅속에서 석탄을 캤습니다. 너무 힘들고 너무 고독해서 탄광 광원이 수십 명이 자살해 죽기도 했습니다. 간호원으로 간 우리의 젊은 딸들이 너무 힘들고, 너무 외로워서 44명은 죽고 19명은 자살하기도 했습니다. 간호원들은 연약한 우리 딸들이 80, 90kg 이상 되는 병원에 입원해 있는 독일 사람들의 몸을 닦아주고 사망하면 시체 처리하기가 너무 힘들고, 조국생각, 어머니 아버지 생각이 나서 죽어갔다고 합니다. 섭씨 40도가 넘는 흙먼지 모래땅 중동에서도 밤낮을 가리지 않고 우리 젊은이들은 목숨을 담보하고 달러를 벌어 들였습니다. 나라 안에서는 어떠했습니까. 어머니들은 딸의 머리카락을 잘라 외국에 수출했습니다. 우리만 잘 먹고 살려고 했던 것이 아닙니다. 대접받는 나라 사람이 되려고 그랬습니다. 그때 당신네들은 코흘리개 아이들이었습니다.

뒷방에 처박혀 있으라는 이 노인들은 지금 하소연 하는 것이 아닙니다. 누구에게 보상해 달라고 사정하는 것도 아닙니다. 가슴속에 새겨 있는 피, 눈물의 훈장을 회생하고 싶다는 생각도 아닙니다. 이제 늙고 병든 노인들이 그렇게 희망했던 이 나라 꼴이 말이 아니고, 세상을 잘 모르는 젊은 정치인들이 세상을 허물고 마치 하늘에서 솟아난 왕자님 같이 떠드는 것이 너무 안타깝기 때문입니다. 편 가르고 속이고 선동하는 정치꾼들이 치사했기 때문에 노인들이 화가 난 것입니다.

원래 말(언어)은 가슴과 머릿속에서 정리를 한 후에 입으로 표현되는 것입니다. 그러기에 최근 노인 깔보기 폄하 이런 소리는 단순한 실수의 말이 아닙니다. 처음부터 계획적인 표현이라는 뜻입니다. 특히나 엉뚱한 꿈을 꾸고 있는 정치인들의 말은 계획된 조작입니다. 절간에 가기도 하고 노인정에 가서 손잡고 엎드려 잘하고, 사과하고 하는 것도 하나의 사기일 수밖에 없습니다. 나이가 50이 되면 하늘의 뜻(天命)을 아는 나이라고 했습니다. 하늘은 사람이며 사람은 하늘입니다. 더욱 지금 늙었다고 천대하고 있는 60~70대는 세상을 잘 아는 나이입니다. 이제 마지막으로 말하겠습니다. 그런 구차스런 변명이나 사죄를 하지 말고 모든 공직에서 물러나시오. 수기치인(修己治人)이란 말이 있습니다. 자기를 바로잡고 남을 다스려야 합니다. 그때에 수작노릇도 하고 대통령도 한 번 해보십시오. 유명한 극작가 조지 버나드 쇼는 영국사회의 진정한 발전을 위해 94세에 마지막 희곡 작품을 발표했습니다. 앨버트 슈바이처 박사는 89세에 아프리카에 빛을 주기 위해 생명을 살리고, 사랑으로 봉사했습니다. 윈스턴 처칠은 65세에 영국의 수상이 되었습니다. 사람이 된 후에 훌륭한 정치가가 되길 바랍니다.

꿈꾸는 이순(耳順)

'아버님'이라고 부를 때는 우선 짜증이 났다. 백화점이나 은행, 우체국 등을 찾았을 때 창구 직원이 '아버님' 하고 부르는 소리를 처음 들었을 때는, 듣기 싫었다. 예의 바르고 기특하다는 느낌보다는 어느새 노인 취급하고 있다는 사실에 마음이 상했다. 노인 대우를 받는다는 것은 그만큼 소외당하고 있는 것과 같은 것이라고 해석했기 때문이다. 특히 나이를 느끼는 시간이 잦아지면서 노골적으로 늙은이로 치부하는 언행에 대해서는 괘씸하고 불쾌한 감정이 들었다.

몇 년 전 퇴직 공무원 Y씨가 전철에서 느낀 감정을 털어놨을 때만 해도 그냥 웃고 넘겼다. Y씨는 어느 날 오랜만에 전철을 탔으나 빈 좌석이 눈에 띄지 않아 손잡이를 잡고 서 있었다는 것이다. 전철이 덜컥하는 바람에 몸이 앞으로 쏠려 별 생각 없이 앞에 앉아 있는 30대 여인을 쳐다봤다는 것이다. 순간 이 승객이 빠른 동작으로 일어나면서 "할아버지, 여기 앉으세요." 하더라는 것이었다.

나이를 먹은 것은 사실이지만, 갑자기 할아버지 소리를 들으니까 고맙다는 생각보다는 기분이 상했다는 불평이었다. 터무니없는 고집인 것이 틀림없을 뿐 아니라, 잘못 전해지면 치매 전단계라고 오해를 받을 수도 있다. 이순(耳順)이라는 나이는 매사를 그냥 덮고 넘기는 나이라고 한다. 생각하는 것이 원만해 어떤 말을 듣거나 일을 당해도 곧 이해를 할 줄 아는 나이란다. 그럼에도 불구하고 대민 창구에서의 호칭이나 전철에서의 예의 바른 언행에 대해서 칭찬은커녕 불쾌하게 느끼고 있으니 늙을수록 나이 문제는 까다로운 사안인 것 같다.

새삼스럽게 나이 타령을 하면서 민망하고 쑥스럽기도 하지만, 늙음을 느끼는 시간이 점차 늘어나고 보니 어쩔 수 없는 일이다. 각자의 성격이나 남녀 성에 따라 스타일은 다르겠으나, 나이를 느낄 때의 감정이나 정서는 모두가 비슷한 것 같다. 눈에 보이는 몸의 변화는 제쳐 놓고라도 우선 정신적으로 우울해지고 재미가 있거나 흥이 나는 일이 별로 없다고 말하고 있다.

제복을 입은 군인이나 경찰들이 모두 내 아들 같다는 생각이 들 때는 이미 늙었다는 말이 있다. 오래전 얘기지만 직장 선배 한 사람이 어느 날, "나도 이제 늙어가고 있구나." 하면서 마흔

살이라는 나이는 이웃집 아저씨나 삼촌의 나이인 것으로 치부해 왔는데 자기 나이가 40에 접어들었다고 했다.

남자들 경우 20대까지는 나이 생각할 겨를이 없이 지나간다. 졸업하면서 우선 군(軍)문제를 해결해야 되고, 취직한 후 30 전후가 돼야만 결혼생각도 하게 된다. 그러다가 어느 날 어떤 상황에서도 미혹되지 않는다는 불혹(不惑)의 나이가 되면서 당황하게 된다.

새로 입사한 견습기자들의 인적 사항을 확인하다가 당혹감을 느낀 적이 있다. 견습들을 항상 내 동생이나 후배들이라고 생각해 왔는데, 이들 나이가 내 아들, 딸과 비슷했고 그들의 부모들은 내 동갑내기거나 나와 비슷했다. 여자들은 얼굴에서 잔주름을 발견하는 순간 '나도 늙어가는구나' 탄식한다고 했다. 조작하기가 복잡한 것보다 간단한 가전제품이 더 편하다고 느끼는 때가 되면 늙었다는 증거라고도 했다.

최근에 나는 한 장의 영수증을 받으면서 틀림없이 늙은이로 대우하는구나 생각했다. 덕성여대 평생교육원에 수필 강좌 수강신청을 했을 때의 일이다. 붉은 도장으로 눈에 잘 띄게 '경로우대'라고 찍혀 있었고, 수강료는 일금 오만원정이라고 했다. 수강료를 50%나 우대해 주었으니 고마운 일이지만, 영수증을 다시 한 번 쳐다봤다. 세상인심이 급변하면서 정년 나이는 45세 (四五停)이며 56세까지 직장에서 버티려고 한다면, 도둑(五六

盜)이란다. 끔찍한 유행어다.

인간수명이 점차 연장되면서 인생 70부터라는 주장 아닌 고집이 활력을 얻어가고 있는 것 같지만, 이순을 넘기게 되면서 따돌림이 아닌 노인대접을 받으면 천만다행이다. 얼굴에 '분'을 바르고 붉은 악마 흉내를 내면서 진홍색 티셔츠만 입는다고 젊어질까. 유별나게 어른 노릇 하는 것도 꼴사납고 이유 없이 주눅 들고 위축되는 모습도 보기 싫다. 다만 더해가는 늙음을 자연스럽게 받아들이는 방법밖에 없다. 그것만이 사람 살아가는 순리(順利)가 아닌가 한다.

10일간의 여정 스냅(Snap)

보고, 듣고, 느끼고. 여행은 삶을 다시 구성할 수 있는 기회이기에 모두가 떠나고 싶어 한다.

희로애락이 그곳에 있고 자극제가 되고 청량제가 될 수 있어 꿈을 그리고 있는 것 같다.

먼 나라 이야기

몇 장의 신문을 훑어보고 있는 동안 하네다 공항에 도착했다. '가까운 나라'다. 뉴욕행을 JAL을 이용할 경우 1인당 왕복 여비가 100만원이나 절약된다는 상품이 인기를 끌었다.

단 하네다 공항에서 1박하는 조건이다. 70년대 초 기억이다. 파리에서 동경을 거쳐 귀국하기 위해서는 다른 도리가 없었다. 그때 일본 쇼핑 관광단은 앞 다투어 파리 백화점을 휩쓸면서

기세를 부리고 있었다.

알라스카 들쥐 떼 같이 몰려다니는 '쇼핑 구매단'을 맞아 현지에서는 신바람이 났으나, 우리 교포들은 어깨를 움츠릴 수밖에 없었다.

드골 공항에서 이륙한 JAL이 안전권에 들어서면서 일이 벌어졌다. 쇼핑 보따리를 풀고 품평회가 열린 것이다. 서로 비교하면서 박수치고 소리 지르고 난장판이 됐다. 승객의 대부분은 일본의 20대 여인들이다. 부(富)를 만끽하고 있는 일본의 모습을 보았을 뿐이다.

놀라움은 계속됐다. 특히 동경역 앞에서였다. 1인 시위를 하고 있는 상이군인의 외마디 소리에는 냉기가 돌았다. '일본만세, 천황만세 - 그는 분명히 '그날의 영광'을 다시 꿈꾸고 있었다. 충격적이었다. 하룻밤을 지내게 된 JAL지정 호텔까지 가는 길은 사방이 캄캄했고 봄비까지 내리고 있었다.

가로등도 네온사인 불빛도 찾아볼 수가 없다. 에너지 절약대책 때문이라고 했다. 5월 초였으나 호텔방은 썰렁했다. 창가를 두들기는 빗줄기에 희미한 그림자가 어른거렸다. 야스쿠니 신사참배 행렬 -동해 바다 속에서 허우적거리고 있는 작은 돌섬- 주한 일본 대사관 앞에서 절규하고 있는 한(恨) 많은 '조선의 딸'들 모습이 오버랩 되고 있었다.

일본은 역시 '먼 나라'임이 틀림없다.

카메라 눈깔

JFK공항의 분위기는 싸늘했다. 세관 입국 심사대 앞에는 한글로 쓴 경고문(?) 팻말이 서 있다. '오른손, 왼손, 검지손가락으로 지문을 찍고 눈은 카메라를 보십시오.'

9·1 사태 이후 미국은 '테러와의 전쟁' 중이다. 맨허튼 메트로 폴리탄 전철 대합실안 가운데는 단독 무장을 한 군인이 황소만한 셰퍼드와 함께 오고 가는 승객들을 일일이 감시하고 있었다.

서부로 가는 국내선 세관에서는 승객들이 허리띠까지 풀었다. 미국의 고민이다. 입국 순서를 기다리던 중 실리도 없이 '반미면 어떠냐'고 선동하고 있는 반미(反美) 장사꾼들이 쏘아버린 화살이 내 가슴에 박히고 있는 것 같아 씁쓸했다.

자랑스러운 날

딸이 통계학 박사학위를 받는 날이다. 갈등과 뼛속으로 스며드는 고통, 부족함과 좌절을 극복한 끝에 드디어 얻은 결실이다.

딸이 유학을 '선언'했을 때 나는 반대했다. 결혼이 먼저였고 유학 뒷바라지를 할 자신도 없었다. 5년 전의 일이다.

학위식이 시작되면서 실내악단이 경쾌한 행진곡으로 분위기를 돋우었다. 제자의 손을 잡고 등단하고 있는 교수님은 흐뭇했다. 신출 박사들의 호화로운 예복 역시 인상적이다. 코발트

블루 색깔 가운에 사각모 대신 고전악대의 둥근 모자를 쓰고 있다. 황금색 옷단으로 길게 장식한 가운 앞자락은 황홀했다. 교수가 들고 있던 주름 장식용 후드를 제자 목에 걸어주고 가볍게 포옹하자 강당이 떠내려 갈 듯 박수가 터졌다. 감격스러운 장면이다. 5월의 아까시꽃 향기보다 더 짙었다. 존경받고 사랑하는 캠퍼스의 분위기가 부러웠다.

오늘은 영광스러운 날- great day로 시작된 여자 총장님의 치사는 어머니의 속삭임같이 다정했다. 학교에서 마련한 다과 축하파티 역시 예상 밖의 즐거움이었다. 다정한 잔칫날이다.

숲속의 풍경

딸이 아르바이트를 하고 있는 교회를 찾았다. 까다롭고 콧대 높다는 뉴요커들의 그림 같은 단독주택이 숲속에 숨어있다. 가끔 빨간 승용차 한 대가 미끄러지듯이 나타났다가는 사라졌다. 교회 앞뜰에는 주말 야드 세일, 좌판을 벌이고 있다. 어린이 옷가지 몇 점, 세발자전거와 유모차, 소파와 책걸상 등 쓰던 중고품들이 전부다. 수입금 전액을 교회 헌금이나, 불우이웃을 돕는 일에 쓴다고 자랑하고 있는 미국할머니의 모습은 여유가 있었다. 주택가 뒤편에는 정리된 공동묘지가 버티고 있다. 1800년대 것부터 최근 세운 비석까지 다양했다. 살아있는 자들과 죽은 자들 십자가가 한울타리 안에서 함께 속삭이고 있다. '생(生)과 사(死)'몸 덩어리는 다시 흙으로 돌아가고 혼(魂)은 하늘로 올라가는 것이라고 했다. 불가(佛家)에서는 단지 '이 방에서 옆방으로 자리를 옮기는 것'일 뿐이라고 했다.

고향까치

한국에서 왔다면 우선 반갑던 시간은 지나갔다. 대부분 교포 상점이 자리 잡고 있는 뉴욕 상업지역인 퀸스(Queens) 후라싱(Flushing)구역에 있는 상가의 간판은 90% 이상이 한글로 바뀌었다. LA코리아타운 같이 영어를 한마디 사용하지 않아도 불편이 없다. 유대인들이 잡고 있던 이 지역의 상권이 교포들로 바뀌면서 현지 언론에서는 '제2의 유대인'들이 점령했다고 떠들썩했다. 수다 떨고 있는 여자 주인의 자랑이다. 케네디공항 2층 JAL출국 라운지에는 여행객을 위한 매점이 성업중이다. 한국인 점포 유리창에 붙어있는 메뉴는 낯이 설지 않았다. 김치, 김밥, 무국, 라면, 만둣국 등, 강남 고속버스터미널 같았다.

한국인 사절

몇 년 동안 관광가이드를 했던 후배의 기억이다. 식사 때마다 풀어놓고 있는 고추장이나 김치냄새까지는 양보할 수밖에 없었으나, 항상 팁 때문에 골치가 아팠다. 구미 사람들에게 팁은 1700년대부터 내려온 습관으로 불문율이다. 팁 수준은 보통 세금 전 가격의 15%~20%, 고급 업소에서는 20%~25% 수준이다. 한국인 관광단의 경우는 호텔이나 음식점에서 1인당 1달러로 합의하고 있으나, 이 약속(?)마저 잘 지키지 않아 코리안 사절 캠페인이 벌어졌다. 최소한의 룰은 지켜야 할 줄 아는 관광객이 됐으면 좋겠다는 불평이 후배의 지적이다.

여행 끝에는 항상 여운을 남긴다. 어제-오늘-내일을 연결할 수 있는 고리가 풀리는 것 같은 아쉬움 때문일 것이다.

시인은 노래했다. 여행은 힘과 사랑을 그대에게 돌려준다고, 다른 이는 '단 한 번이라도' 혼자 훌쩍 여행을 떠나라고도 했다.

시시한 얘기

- 옴니버스(omnibus)

아파트단지 입구는 항상 시끄럽다. 변두리의 5일장날 같다.

노점 트럭에서의 호객 소리며, 주정차 시비 등, 정신이 없다. '즉시 견인지역'이나 '주정차 금지' 등과 같은 경고판은 상관이 없다.

내 차만 세우면 그만이다. 큰길 신호등 옆에 매달려 있는 현수막에서는 '목격자를 찾고 있습니다' 뺑소니차를 고발하고 있는 애절한 호소다.

오랜만에 뉴욕 여행을 했다. 중심지를 벗어나 며칠 간 유학생의 임대방 하나를 다시 빌렸다. 부근 숲속에서는 단독주택 단지가 자리 잡고 있어 처음 느끼는 분위기다. 아담한 하얀 색깔의 단층집이다. 잘 정리된 넓은 정원, 높은 담장 대신 앙증

맞게 서 있는 빨간 우편함은 그림 같다.

집집마다 하루 종일 승용차가 드나들고 있으나 시끄러운 차 소리는 들리지 않고 있다. 마을에서는 클랙슨 사용이 금지되어 있다고 했다. 가끔 통행하고 있는 트럭들도 조용하기만 하다.

주택가 입구로부터 50~100미터 떨어져있는 지역부터 모든 차량은 어김없이 '서행'이다. 교통 신호는 물론 단속하는 경비원이 없어도 규정을 잘 지키고 있다. 대형 슈퍼마켓 주변 분위기 역시 주택가와 비슷하다.

차량들은 한결같이 순한 양 같다. 경적을 지르거나 사람을 제치고 달려드는 차도 없다. 매장 입구 20~30m 전부터는 모든 차량이 서행이다. 보행자 건널목 앞에서는 사람이 있든 없든 우선 정지, 좌우를 확인한다. 자동차의 천국이라고 했는데 차보다 사람이 더 대접받고 있다. 친구 차 덕분에 도심지 관광에 나섰다. 비극의 9·11사고 현장을 비롯 금융 중심지인 월가일대, NBC 공개 스튜디오 앞, 자연사 박물관, 할렘가 부근의 컬럼비아 대학 등, 복잡한 지역만 돌아 다녔다.

차량행렬, 몰려드는 관광객, 소음 등 도심지는 역시 시끄럽고 분주하다. 승용차 문을 열었다. 차량은 흘러넘쳤고 길은 자주 막혔지만 앞지르거나 끼어드는 얌체족은 하나도 없었다. 신경질적으로 클랙슨을 두드리는 운전자도 없다. 기다림에 익숙해 있는 것 같았다. 이것저것 서로 수다를 떨다가 앞차의 뒤꽁

무니를 들이 받았다.

재수없게 됐구나- 친구 얼굴부터 살펴봤으나 대수롭지 않은 표정이다. 차 앞뒤를 확인하고 무엇인가 사인하더니 '바이 바이' 했다. 싱겁다. 나머지 일은 보험회사가 알아서 처리한다고 했다. 삿대질이나 고함을 칠 필요는 없다고 했다.

같은 블록을 두세 번 돌았으나 차를 세울 수가 없었다. 쇠말뚝 하나만 서 있지만 소화전 앞에는 절대로 주차할 수 없다고 했다. 무려 100달러의 벌금을 받는다고 했다.

예우나 변명이나 사정을 통할 수 없다. 70년대 초 런던에 갔을 때는 당장 KOTRA(무역진흥공사) 지사를 찾아야 했다.

초행길이었기에 별수 없이 택시부터 잡았다. 런던 택시에 대한 첫 인상은 날씨만큼이나 침침했다. 큰 상자 스타일의 검은색 차에 기사가 쓰고 있는 모자며 제복까지 검은색일 뿐이다. 찾아갈 사무실 주소를 알려주었을 때 표정은 근엄했다.

좁은 길을 돌아다닌 후 겨우 찾아낸 KOTRA 지사는 뒷길에 있었다.

몇 번이고 차에서 내려서 주소를 확인해 주었던 기사에게 고맙다는 뜻에서 약간의 팁을 주었을 때는 땡큐-써, 받은 것만큼 봉사하고 정확했다. 런던의 택시 기사들은 특별 면허를 받아야 된다고 했다. 우선 나이가 50세 이상에 상당기간의 운전경험과 심지어는 교통안내 자세 등 엄격하다고 했다.

도착한 날에는 공항버스를 탔는데 긴급 도로 보수 덕분에 시내로 들어가는 모든 차량은 우회하게 됐다. 가로등이나 교통 신호도 없는 1차선 도로에는 정리하는 사람이 없어도 차는 원만하게 굴러가고 있었다. 교차로에서 차를 만나게 되면 손짓이나 헤드라이트로 서로 신호를 하면서 엉키지 않고 해결하고 있었다.

어두운 밤에 비까지 내리고 있었으나 버스는 원만하게 굴러가고 있었다. 신사의 나라 덕분인가 몸에 배인 질서 때문일까? 신기했다.

60년대 말 처음 느꼈던 동경의 교통질서에는 실망했다. 통금도 없는 앞서가는 나라인 데도 자정이 되니까 택시들이 행패를 부리고 있었다. 창문을 모두 닫고 손가락 2~3개를 흔들면서 손님을 선택하고 있었다. 추가요금을 요청하고 있었다.

출근시간대에 처음 타봤던 전철에서는 압사 당할 뻔했다. 차문에는 승객을 밀어 붙이는 '푸시맨'이 소리 지르고 있었다. 차 안은 콩나물시루 속 같아 질식할 것 같았다. 그때 서울 시내버스에도 '푸시걸'이 있었다.(나중에는 남자가 배치되었다.) 짐짝같이 손님을 밀어 넣으면서 '오라이(All right)' 하던 시절이다.

서울과 다른 것이 없다는 현장에서 다소나마 위안(?)을 받았다.

몇 년 뒤에 동경을 다시 찾았을 때 길거리 분위기는 180도

바뀌어 있었다. 택시의 행패도, 전철의 무질서도 모두 사라졌다. 출, 퇴근길 신호등 앞에서 불어대던 호루라기 소리도, 어깨에 걸고 있던 교통 안전띠도 볼 수 없었다.

60여 년 전 새 나라가 출발했을 때 나는 새싹이었다. 그때 선생님으로부터 처음 들었던 말씀은 '앞으로 나란히 줄 맞추기, 순서대로, 차는 오른쪽 사람은 왼쪽으로, 운동장이나 길에서는 침 뱉지 않기 등등이었다.

그 말씀은 질서였고 규정이며 약속이라고 배웠다.

똘똘이의 분노

똘똘이는 아주 영리하고 총명한 녀석이다. 눈치도 빠르다. 올해 여섯 살이 된 나의 애견인 이 녀석은 사람나이로 따지면 지천명, 사리를 판단할 나이가 된 셈이다.

청각, 후각이 아주 뛰어나 인간에 비해 무려 10만 배에서 최고 100억 배나 냄새를 잘 맡고 4배 이상 잘 들을 수 있는 귀를 자랑하고 있다.

내 얼굴이나 목소리만 듣고도 돌아가는 일, 희로애락까지 알아차린다. 말은 못하지만 항상 초롱초롱한 두 눈과 귀, 냄새로 세상을 읽고 듣고 판단, 나에게는 눈으로 말하고 있다.

내가 신문을 읽거나 텔레비전 뉴스를 들을 때는 이 녀석도 옆에 앉아서 세상을 배우고 있다. 그리고는 사람들이 사는 마을에는 좋은 사람이 있는가 하면 '나쁜 놈'도 있는 것 같다며 내 얼굴을 살핀다. 때로는 인간들을 혹평하기도 하고 있어 섬뜩해진 순간도 있다. 만물의 영장인 지혜로운 인간(Homo sapiens)들이 준비해 왔다는 철학이 기껏해야 부도덕하고 위선뿐이냐고 따지고 있기 때문이다.

최근에 들어서 녀석의 눈에 비친 세상은 요지경에 난장판이다. 세상을 바꾸겠다고 설치면서 치사한 행패를 부리고 있는 자들은 위장전입으로 투기나 하고 뇌물 탈세가 아니면 횡령, 상납, 사기행각이니 한심스럽다고 혹평했다. 할 일도 많은데 학력위조 아니면 표절이나 하고 자식까지 군 기피를 하고도 눈 하나 깜짝하지 않고 있는 인간들을 저주한다고 비난하고 있다.

똘똘이는 사람들이 살고 있는 세상사를 꿰뚫고 있는 것이 틀림없다. 세상이 어수선해지고 있는 배경은 세상을 비틀기 위해 과장, 오보, 조작을 하고도 내 탓이 아니고 너 때문이라고 역설하고 있기 때문이라고 주장하고 있다.

평범하게 충실하게 살고 있는 좋은 사람들이 기를 죽이고 있는 현실은 잘못된 세상이라고 똘똘이는 반발하고 있다. 그러면서도 억울한 일은 이런 인간들이 반성을 하기는커녕 자기 종족들을 비하하고 있으니 억울하다고 분통을 터뜨리고 있다.

인간들은 툭하면 자기들을 끌어들이고 있단다. '개 같은 세상'이니 '개 같은 날의 오후'라든가 심지어는 개 같은 놈, 개 같은 ×, 끝내는 '개판'이라고 욕설을 하고 있다고 분노한다.

똘똘이의 조상은 원래 야성이 강한 이리, 자칼(Jackal)로 공격적이고 투쟁적이었으나 인간들과 공생하면서 정글 속의 생존 능력보다는 점차 인간들과 가깝게 됐다. 그 역사는 무려 기원전 1억 5천년을 넘고 있는 것으로 알고 있다.

녀석들은 매우 호전적이지만 경쟁해서 한 번 우열을 결정하면 그 결과에 복종한다. 패자를 선동하지 않는다. 뒤끝이 깨끗하고 솔직하며 위선은 없다.

인간들에 대해 충직하고 책임감이 강하며 의리가 대단하다. 한 번 자기가 맡은 일에만 충실하게 분담하고 있다.

사냥을 맡은 녀석, 집을 지키는 일, 불우한 인간들을 보호안내하는 일, 마약 수색 등 특수 업무를 하고 있는 일 등 기능화 돼 있다. 자기일이 아니면 땅이나 자리를 탐내거나 동시에 명예를 바라지도 않는다.

한 번 맺어진 인연은 평생 동지다. 변절, 배신 따위 철새 같은 짓은 인간세상의 나쁜 놈들이 저지르고 부도덕한 짓이라고 똘똘이는 공격하고 있다. 당근 덩어리로 유혹해도 꿈쩍도 않는다. 치밀한 관찰과 판단이 따라야 행동한다는 것이 녀석들의 자랑거리다.

똘똘이가 내세우고 있는 충직성이나 동족간의 우정이나 자식에 대한 모정, 책임감 등은 눈물겹다.

들불 위험에 빠진 술주정뱅이 주인을 버리지 않고 끝까지 구해내고 자신은 기진맥진해 죽어간 어느 충견의 전설은 오랫동안 사람들의 입에 오르내리고 있다. 전북 임실 오수리 입구에 세워져 있는 의견비에 얽힌 설화다.

진도의 '백구상'에 대한 미담 역시 변절하지 않는 녀석들의 충성심을 말하고 있다. 400킬로미터 떨어진 대전으로 팔려갔으나 백구는 7개월 만에 원래 주인을 찾아 돌아왔다. 의리 때문이다. 동네사람들은 잔치를 열어주고 마을 입구에 백구상을 세워 기억하고 있다.

언제인가 대구 한 마을 앞길에서는 두 녀석이 길을 건너다 한 녀석이 과속 트럭에 치여 즉사했다. 그러나 살아난 녀석은 도망도 가지 않고 동무의 주검을 지키면서 비슷한 트럭이 지날 때마다 달려들어 매섭게 울부짖기 시작, 죽은 동무를 살려내라는 듯 슬퍼했다. 소설 같은 우정이다.

광주 중흥동 최모(62세) 씨의 단독주택에서 불이 났을 때 현장에서 확인된 실화다. 주인은 외출하고 태어난 지 2주밖에 안 되는 강아지와 어미개가 집을 지키고 있을 때 일이 터졌다. 연기와 불길이 번지자 어미개는 결사적으로 새끼들을 품어 안고 죽을힘을 다해 살려냈다. 온몸은 연기와 불길에 그을리고 화상을 입었으나 끝내는 새끼들을 지켜냈다. 출동했던 소방대원이 감동해 전해준 녀석들의 모정이다.

인간세상에서 반평생을 살아온 똘똘이는 그동안 동경했던 사람 사는 동네를 포기하고 성토키로 했단다. 꼬리도 없는데 꼬리를 흔드는 존재는 이 지구상에서 인간들뿐인데 더 이상 인간들을 존경할 필요가 없다는 결심도 했다.

녀석의 진심을 확인하고 보니 인간들이 치사하다는 생각이 들어서 씁쓸하다. 세상에는 분명히 개보다도 못한 인간들이 있는 것 같다.

녀석이 결정한 최종방침은 저들도 촛불시위를 하기로 했다는 것이다. 0월 0일 0시에 서울 시청 앞 광장으로 집합할 것. 전국 동지들한테 사발통문을 돌리고 한바탕 '개판'을 벌이기로 했다.

'개보다 못한' 인간들을 이 지구상에서 영원히 추방키로 한 것이다. 인간들은 '개 같은 세상'이라고 비유했으나 똘똘이는 흔들리지 않고 초심을 밀어붙이기로 했다.

똘똘이는 항상 눈으로 말하고 있다. 입으로 먼저 소문을 내지는 않는 성격이다. 다만 광장 앞의 잔디밭은 절대적으로 보호하겠다고 시당국에 통고 서약했다고 밝혔다.

맹자의 고민

'실종된 군자(君子)의 세 가지 즐거움(樂)을 찾습니다.'

생각 끝에 맹자가 준비한 신문광고문 초안이다. 국어사전을 펼쳐 봤다. 군자의 조건은 우선 학문과 덕이 높아야 한다. 또한 행실이 바르며 품위를 갖춘 사람이라고 했다. 맹자가 찾고 있는 군자 삼낙의 첫 번째는 부모 자식 간의 천륜이다. 이것은 하늘이 준 선물이다. 선택의 여부가 없는 것이다. 부모님이 모두 살아있고 형제들도 무탈하면 즐겁지만 쉬운 일은 아니다.

100세 시대가 왔다고 아우성이다. 이웃나라에서는 자식이 있어도 외롭게 혼자 살다가 혼자 간 고사 노인들이 늘어나 사회적인 문제가 되고 있지만 남의 얘기만은 아니다. 준비 없는 장수는 부모나 자식들 모두에게 재앙일 뿐이다.

현재 60~70대는 부모를 섬기고 살고 있는 마지막 세대이고 자식들로부터 배신당하는 첫 세대라고 허탈해한다. 자매 형제간의 불화도 안타깝다. 교육 수준과 소득이 높을수록 갈등의 골은 깊어지는 것 같다. 형제간의 도리보다는 내 것을 더 찾겠다는 욕심 때문이다.

두 번째 즐거움은 인간의 품위다. 존경받는 사람은 하늘을 쳐다보고 땅을 내려다 봐도 부끄러울 것이 없는 군자를 의미한다. 산이 높고 골이 깊어 보통 사람이 알아듣기에는 힘들다. 당연한 말이지만 군자인 양 탈을 쓰고 있는 사람이 의외로 늘어나고 있다. 입만 벌리면 나라와 국민을 위해 헌신한다고 한다. 가짜 군자들은 가끔 교도소 담벼락을 기어 다녀도 나는 결백하다고 외치고 있다. 탈을 쓴 군자가 늘어나고 있어 맹자도 혼란스러워 할 것이다. 사이비 군자는 철창이 있는 독방에 갇혀 있어도 나는 깨끗한데 너 때문에 억울하다고 한다.

비열한 인간들은 처음 죄를 저지를 경우 자신을 숨기지만 두 번째는 다른 사람도 속이고 3범이 되면 귀신한테까지 사기를 친다고 했다.

맹자는 지쳐가고 있다. 세 가지의 즐거움을 전수할 군자가 없다.

세 번째 즐거움은 교육이다. 천하의 인재를 찾아내 교육을 시키는 것(得天下英才而教育)이다. 낙에는 노블레스 오블리즈(noblesse oblige)를 요구한다. 앞서간 군자 중에는 고대를 육성한 인촌 김성

수, 전남대 의대(전남대 전신)를 세운 현준호 등이 평가받고 있다. 잘 알려진 경주 최부자 후손들이나 전주 부자인 백남신(白南信)도 맹자를 즐겁게 해준 군자들이다. 백남신의 며느리가 선대의 재산으로 세운 학교가 바로 남성고등학교다. 교육도 흔들리고 있다고 걱정하는 사람이 늘어나고 있다. 재단분규, 소유싸움 등등.

즐거움의 절반은 타고난 재산이라고 하지만 나머지 반은 즐거움을 찾고 있는 사람들 몫이다. 재벌의 아들, 손자는 대부분 태어날 때 이미 낙을 업고 태어나지만 그것만이 즐거움은 아니다.

낙이 없고 살맛이 없다고 불평하는 사람들이 늘어난다. 즐거움은 스스로 연습해서 소유하는 것인데 다른 사람만 탓하고 있다. 서양 사람들은 커피 한 잔 비스킷 한 조각을 먹으면서도 해피, 땡큐를 연발한다. 배고픈 시절에 우리의 부모들은 '등 따습고 배부르면' 즐겁다고 했다. 즐거움이나 불평은 생각하기에 달려있다는 말이다. 군자의 삼락은 실종됐다.

나는 아주 사소한 일에서 낙을 찾고 있다. 그중 하나는 '식도락'이다. 비록 라면 한 그릇이라도 가족 등 아끼는 사람들과 정을 나누고 맛있게 먹으면 그것이 낙이라고 생각한다. 남대문 시장안의 갈치구이 집에서도 즐거움이 넘쳐 있었다. 엎치락뒤치락 헤매지 않고 푹 잠을 자고난 아침은 특히 기분이 좋다. 운동회 날 같이 상쾌해 즐겁다. 혼자 떠나는 여행, 등산도 즐거운 일이다. 혼자지만 항상 또 다른 나와 함께 동행한다고 생각하면 외롭지 않다. 생활인도 즐거움을 찾아 누릴 자격이 있다. 방황하는 군자가 다시 길을 찾으면 맹자는 박수를 치고 보통사람들도 즐거워질 것이다.

인연(因緣)

퇴직 후에 부담 없이 만나기 시작한 모임이 10년이 지났다. 같은 직장의 선후배와 동료들로 학연, 지연, 혈연 등은 따지지 않고 다만 수십 년 동안 통신기자로 함께 뛰었고, 경쟁했고 서로를 평가했던 끈끈한 인연 때문에 맺어진 모임이다.

강남 아파트 지역에 살고 있던 이웃들은 지금은 수도권으로 흩어졌으나 정기적인 모임은 계속되고 있다. 모임의 성격은 순수하다. 서로 주판알을 튕기는 계략도 이해관계를 따지는 시비도 없다. 이곳저곳 눈치를 보고 네 편 내 편을 따지는 소인패거리들도 아니기에 만날 때면 항상 흐뭇하고 다음 모임을 기억한다. 인연은 인(人)과 간(門)을 맺고 있는 인정이지만 때로는 야누스적 두 개의 얼굴을 숨기고 있기에 비난의 대상이 되기도 하고 맹목적으로 순종하거나 허수아비 같은 존재가 되기도 한다.

평생 간직하고 싶은 선한 인연이 있는가 하면 지우고 싶은 악연도 있게 마련이다. 그러나 세상일은 끈으로 이어지는 선한 인연이 있기에 귀중할 것이다. 인간은 혼자 살 수는 없는 존재이기 때문이다.

모임의 화제는 '쟁이' 출신들답게 정치, 경제, 사회 등 시사적인 문제를 비롯해 오고가는 시시한 사람들의 이야기도 도마에 오르기도 한다. 최근 들어서 건강 문제가 관심사 중 하나다. 나이 탓인 것 같다.

지난 5월 모임 때는 장기화되고 있는 친정 연합뉴스사의 노조 장기파업에도 관심을 두고 서로 걱정했고 지난 일이 떠오르기도 했다. 그때 연합노조의 파업은 통신 역사상 처음 일어난 사건이었다. 제 편이 아니라고 대자보에서 지방국장을 공격했던 적도 있지만 이제는 지나간 인연이기에 간직하고 싶다.

모임의 모체는 연합이지만 더 올라가면 자랑스러운 원조가 있다. 쌍두마차이던 2개의 통신사는 한국을 자랑하는 치열한 경쟁자였고 동행자였기에 시간이 흘러가도 연민의 정을 느끼고 있다. 통신기자는 어느 쟁이보다 외롭고 더 고달프다.

1년 365일 경쟁하던 2개의 통신사는 언론통합으로 연합이라는 새얼굴로 태어났지만 갈등은 계속됐다. 강간을 당하고도 아프다는 말도 할 수가 없었다. 수십 년 전의 악연이다.

나는 처음부터 통신기자로 출발, 절반은 동양에서 후반기에는 연합과 인연을 맺었다. 살다보니 악연도 있었으나 이제 생각해 보니 그것도 추억 중의 한토막일 뿐이다.

아쉬웠던 일들은 그대로 잊어버리고 흘러가게 두는 것이다. 퇴직 후 한동안은 허전했던 것도 사실이다. 연합에서의 인연은 잊을 수가 없었다. 박수를 받기도 했고 포도주를 마시는가 했더니 어느새 독배를 들고 분노했던 시간도 있었다. 인정은 잔인했다. 시기하고 질투하고 박수를 치는 것 같았으나 어느새 뒤통수를 치고 발을 걸고 있는, 달면 들이키고 쓰면 돌아서는 간사한 인연도 있다.

퇴직 후 악연을 청소하기 위해서는 새로운 탈출로가 필요했다. 분통, 갈등, 아쉬움, 서운함 등 모든 시시한 쓰레기들을 용광로에 던져 버리고 태우는 것이다. 연금술은 구리, 납, 주석, 철 따위의 비금속을 용광로에 넣고 열을 가해 금, 은 따위의 귀금속으로 변화시키는 기술이다.

통신은 내 인생의 전부였다. 뛰고 넘어지고 그러다가도 다시 일어나 서로 껴안고 울고 웃었다. 퇴직 후 처음에는 시간 죽이기였으나 이제는 나의 생활의 중요한 부분이 된 것은 글쓰기다. 우선 대학 평생교육원에 등록을 했다. 선택한 강좌는 문학수필쓰기 과목이다.

평생 기자를 한 사람이 또 글쓰기냐고 비아냥하는 이웃도 있었으나 나의 결심은 바뀌지 않았다. 열심히 살아왔고 앞으로도 더 값진 인연을 맺기 위해서는 무엇인가는 할 일이 있었다. 어쩌면 그동안 지워지지 않는 악연에서 벗어나고 싶었기 때문이다.

지난 6월 중순 어느 날 새로 된 연우회 하회장이 전화를 했다. 마침 한국수필가협회가 추진하는 하계세미나에 참석하기 위해 강원도 철원 병영체험 수련원으로 떠나는 날이었다. 한국수필가협회는 매년 국내외에서 한 차례씩 문학평론가와 작가들이 참석한 가운데 수필에 관한 심포지엄을 열고 있다. 올해 주제는 세대차 해소를 위한 수필쓰기의 방법론적 접근 방안이다. 거창하지만 일정한 토론이 끝나면 사람과 사람이 이어지는 인연 만들기가 주목적이다. 전국에서 모인 수필가들은 거의 200여 명이 넘었다.

나는 지난 2004년에 등단작가(수필)가 되어 문학단체의 정회원이 됐다. 별도로 30여 명의 동인회를 만들고 1년에 한 번씩 동인들의 작품을 모아 동인지도 만들고 있다. 지난 2011년 6월 29일 조선일보 에세이 난에서는 내 작품을 소개하고 있어 얼굴도 모르는 많은 독자들로부터 격려의 전화를 받고 으쓱하기도 했다. 제목은 '포로수용소에서 온 편지'였다. 흘러갔지만 슬픈 이야기다. 현재는 200자 원고지 200매로 논픽션 글을 쓰고 있는 중이다. 수필은 소설 같이 만들어낸 다른 사람의 이야기가 아니고 자기 자신의 얼굴과 마음을 그리는 글이기에 더

리얼하고 자랑스럽다.

연우회 하회장의 전화내용은 항상 간단했다. Yes-No가 분명하고 독선적이다. 두 가지 주문이었다. 우선 연우회 평생회원으로 가입, 늦기 전에 회비를 내고 연우회보에 원고를 보내 달라는 주문이다. 어쩌면 부탁보다는 통보였지만 기분이 상하지는 않았다. 30여 년 이상된 인연 때문이다.

그동안 연우회 회장단들은 많은 일을 했다. 이제 식구가 900여 명이나 된다니 할 일이 더 많아졌을 것이다. 이번에 새로 된 연우회 회장단은 욕심이 많고 장래성이 있는 것 같아 기대가 된다. 특히 회장단 구성을 중앙- 지방 등으로 다양화했고 앞으로 이런 저런 발전 계획을 세우고 있어 박수를 친다. 퇴직 후 나도 한때 연우회 부회장을 한 적이 있었으나 별로 남긴 일은 없었다. 당시 중요한 안건은 연우회 사무실 문제였으나 회사측이 관심을 두지 않아 제대로 성과를 얻지 못했다. 연합과 인연이 없는 CEO가 관심을 둘 리가 없었다. 연우회는 모두의 것이고 계속 이어져야 할 인연들인데도 신경을 쓰지 않았다. 하회장단이 임기를 끝내면 또 다른 팀이 이어져 연우회를 이끌어 나가게 될 것이다.

나는 요즘 또 다른 일을 만들어 서투른 농사일에 땀을 흘리고 있다. 농사라고까지 할 정도는 아니지만 평생 처음 맞는 시간이 즐겁다. 처음부터 텃밭용으로 마련한 것은 아니었다. 아이들 모두 독립시키면 구태여 매연 공장지인 아파트에서 살 필요가 없었다. 수도권 변두리에 땅을 마련하고 집을 지을 꿈이었으나 아직 꿈을 이루지 못해 우선 주말 농장으로 활용하고 있는 것이다. 하회장은 대농이지만 나는 소농도 아닌 텃밭인데도 알게 모르게 할 일이 많아졌다.

처음에는 겁도 없이 백 평 정도로 벌였으나 점차 줄어들어 올해에는 20평 정도만 이용하고 있으나 그마저 지친다. 나머지 땅은 잡초 동산이 돼 벌레들의 놀이터가 됐고 가을에는 메뚜기들이 잔치를 벌이고 있다. 농사일은 장난이 아니고 병충해와 잡초와의 전쟁이다. 나는 주말이면 텃밭에서 많은 시간을 보내고 있다. 감자, 고구마, 오이, 토마토, 호박, 가지, 토란과 생강까지. 욕심이 많다. 그래도 가을부터는 내 땀의 열매가 자랑스러울 것이다.

땀을 흘리면서 텃밭 일을 하던 중이다. 30여 년 동안 기자생활 대신 계속 땅굴을 팠으면 어디까지 갔을까. 계산해 보았으나 답이 나오지 않아 멋없이 웃어봤다.

백수가 과로사한다더니 나는 지금 무척 바쁘게 시간을 요리하고 있다. 매 월요일에는 글방에서 90분 동안 강의를 듣고 화요일부터 목요일까지는 인연 만들기에 정신이 없다. 연우회 모임 이외에도 고향친구, 사회생활에서 알게 됐던 사람들을 만나고 토요일에는 텃밭으로 달려간다. 일요일에는 천당 가는 길을 닦고 있다.

'앞으로는 연합근처에는 절대로 가지 않고 보기 싫은 놈과는 끈을 끊겠다'고 악담을 하고 있는 인연이 있었다. 나도 한때는 그런 생각을 한 적이 있었으나 이제는 달라졌다. 살면서 입었던 상처는 바닷가 모래 위에 쓰고 정다웠고 간직하고 싶은 인연은 돌에 새기기로 했다. 좋은 인연은 상처를 치유할 수 있다는 생각이다. 며칠 전에 연우회에서 새로 나온 회보를 비롯 앞으로 할 일 내용을 보내주었다. 개국한 지 얼마 되지 않은 연합뉴스 채널 23 NEWS 차량용 홍보 스티커 부착 안내문도 보내주었다. 내가 살고 있는 아파트 엘리베이터 한 코너에는 전광 광고판이 붙어있다. 생활용품을 비롯해 자장면, 집 등 음식점 광고와 관리사무소의 공시 내용 등이 번쩍이고 있다. 제일 먼저 내 눈에 띄는 부분은 연합뉴스 란이다. 1층에서 19층까지 올라가는 동안 3~4개 정도의 연합뉴스가 흐르고 있다.

전파를 타고 있는 통신의 얼굴을 만들기 위해 봉급을 동결했고 정신없이 뛰어다니던 얼굴들이 나타났다가는 사라지고 있다. 그때 마련한 연합의 얼굴은 YTN으로 변질되었으나 이제는 연합채널 23이 뛰고 있다.

시어머니는 죽어도 살아있다더니 연합은 항상 연우회 가슴에서 펄럭이고 있을 것이다. 모두의 건투를 빈다.

깔끔한 글쓰기 연습

문장의 간결성은 글이 맑고 깔끔함을 의미하지만 그 충분조건은 쓰는 이, 읽는 이, 평가하는 이의 눈높이에 따라 다르다. 문학성과 서정성을 따지는가 하면 또 다르게 상징성과 독창적인 개성을 요구하기도 한다. 해학성과 유머, 기지와 위트는 싱싱한 글의 윤활유가 될 수 있다.

문학작품은 아니지만 깔끔하고 상징적인 글이 떠올라 간결한 글의 본보기로 예시한다. 미국 아이젠하워 대통령 후보의 선거 캐치프레이즈는 단 4자의 알파벳으로 구성되어 있으나 명문으로 평가 받는다.

'나는 아이크를 좋아한다.' 'I like I K(애칭)'

단 세단어로 된 문장 속에는 라이크, 아이크 등 절묘한 운율이 들어 있어 상징적이면서 호소력이 강하다. 명문은 어느 때,

어디서, 누가 읽어도 감동을 주어 사람들의 심상(心想)을 자극한다. 군더더기가 없어 살아 있는 글이다. 못질을 많이 하는 목수는 명품을 만들지 못한다고 했다.

상징성과 호소력이 강한, 간결한 글이 또 있다. 자유당 시절, 선거용 메시지도 유권자의 입에 오르내렸다. 야당의 '못살겠다, 갈아보자'에 여당의 반격은 '갈아보자 별것 없다. 구관이 명관이다' 촌철살인, 간결하다. 수필 문장에서도 미사여구나 그리고, 그래서, 그러나 등 군소리로 연결된 글은 악문이다.

문학작품은 수학공식은 아니다. 과학, 정치, 경제 이론같이 합리성을 요구할 수 없으나 주제가 분명하고 깔끔해야 한다. 평이하고 정밀하면서도 간결하게 쓴 글이 잘 쓴 글이다. 보성고등학교에서 국어선생을 한 윤오영이 강조한 수필문장의 명제 역시 간결함이다. 세련된 표현, 선택한 어휘는 간결한 글의 요체다.

빌 클린턴의 선거용 메시지인 '바보야, 문제는 경제다'(It's the economy stupid) 역시 깔끔하다. 경제 불황으로 미국이 흔들릴 때라 더 흡입력이 강하다. 불안한 경제사정을 궁하게 변명하지 않고도 확신을 주고 있다.

글이 주는 상(想)과 공감은 간결한 문장에서 더 평가받을 것이다. 간결한 글은 심심풀이로는 쓰이지 않는다.

솔제니친의 '모닥불 속의 개미들'은 상징성이 강하고 은유적이다. 모닥불에 타고 있는 통나무 속에서 개미가 쏟아져 나왔다. 일부는 타 죽었으나 일부는 불길을 피해 다시 타던 통나무 주변을 돌기 시작했다.(개략) "그 어떤 힘이 그들을 내버린 고향으로 다시 돌아오게 한 것일까, 많은 개미들은 활활 타오르는 통나무 위로 기어 올라갔다. 그리고는 통나무에 붙어서 그대로 타 죽어가는 것이다." 글이 간결하면서도 철학적이다. 글은 직설적이 아니고 은유적이다. 비평성이 강하지만 공격적은 아니다. 체제비판으로 8년간 수용소에서 고통을 받은 작가는 눈앞에서 벌어지고 있는 현실을 담담하게 전하고 있다. 간결한 문장이 주는 여운은 쉽게 가시지 않는다.

현직에 있을 때 나는 간결한 글쓰기로 고뇌한 적이 있다. 언론의 70~80년대는 특히 '검열시대'였다. 쓸 수 없는 글(기사), 써서는 안 될 글뿐이었다. 기자들이 자구책으로 찾아낸 방법은 기사의 행간을 활용하는 것이다. 검열의 눈초리를 흐리게 하기 위해서는 말을 아끼고 단어, 어휘선택을 신중하게 해야 됐다. 기사 행간에 보이지 않게 위장해 놓은 진실은 독자들에게 이심전심으로 전해질 것으로 믿었다.

독설적이면서 은유적인 글이 있다. 나는 그 작가를 좋아하지는 않지만 그가 선택한 어휘와 간결한 문장을 기억하고 있다. 제목은 시 - 가볍게 수음하는 기분으로 시를 쓰고 싶다. 시를 천박하게 만들고 싶다. 시가 어깨에 힘을 주지 못하게 두들겨 패주고 싶다 - 음탕하지 않고, 싱싱하다. 글의 운(韻)은 시에서만 가능한 것인가 가끔은 시 같은 수필, 수필 같은 시를 만나고 있다.

깔끔한 글쓰기는 내 이야기를 내가 쓰는 것만으로 해결될 문제는 아닐 것이다.

신문기사 작성은 5W1H에 따른다. '언제, 어디서, 누가, 무엇을, 어떻게, 왜'다.(순서는 상황에 따라 바뀔 수 있다) 기사는 정확, 치밀하고 간결해야 된다. 기사는 공문이나 보고서, 기록문서가 아니라 살아있는 글이다. 문학성을 따지면서 신문기사 같은 글을 쓰지 말 것을 요구하지만 이 같은 주장은 일방적으로 신문기사의 본질을 제대로 파악하지 못한데서 오는 편견이다. 기사는 제2의 창작이다. 스트레이트 기사는 현실성이 있어야 된다. 형용사, 부사, 접속사 등 군더더기를 붙이는 기사는 보잘것없는 졸문이다. 사설, 논설, 시론, 칼럼, 인터뷰기사 등은 시시비비, 선과 악을 따지고 때로는 독자를 계도하고 있어 개성이 강한 글이다.

어린이들의 글쓰기에 신문을 읽고 자기 생각을 쓰게 하는 방법을 권유하고 있다. 뜬금없이 신문기사를 소개하는 데는 이유가 있다. 신문기사는 깔끔한 글쓰기의 또 다른 참고서 역할을 할 수 있기 때문이다.

조지오웰은 '나는 왜 쓰는가'에서 좋은 산문은 유리창과 같다며 문장의 간결성을 강조했다. 현란한 구절, 의미 없는 문장, 장식적인 형용사나 허튼 소리에 현혹되지 말라고 한다. 간결한 문장쓰기는 특히 수필을 쓰는 사람들에게도 평생의 과제다.

4.

진인사대천명

진인사대천명

한 통의 공문서를 받고 이렇게 황당해지기는 처음 있는 일이다.

보낸 사람은 내가 살고 있는 지역의 시장(市長) 이다.

'2015년 치매검진 대상자 선정 통지서'

공문서가 항상 그러했듯 내용이 친절하지 못했다. 치매검진 사업 규정에 따라 연내에 치매검진을 받으라는 것이다. 치매예방 관리 센터에 전화를 걸은 것은 대상자 선정기준을 알고 싶어서인데 시큰둥하다. 대상은 특정인이 아니라 생년월일을 기준한 것으로 나이가 들면 모두 검진을 받아야 된다는 것이다. '학대받는 노인인가, 과민해진 것인가, 씁쓸하다. 이제는 나도 별수 없이 '치매예비군'으로 관(官)이 감시하고 있는 요시찰 인물이 된 것이 틀림없다.

나이테를 지울 수는 없다. 늙는다는 것은 때로는 칙칙하고 불편한 일이다. 노인=치매 등식은 새삼스러운 일이 아닌데 그동안 나와는 관계없는 일이라고 착각한 것 같다.

현재 우리나라 치매 환자 수는 50만 명, 15분마다 1명씩 새로운 환자가 늘어난다고 했다. 옛날 사람들은 치매를 노망, 망령, 망발이라고 했는데 노인들이 인지기능을 잃어버리는 것을 말한다. 우리나라 치매환자의 60% 이상은 알츠하이머로 정상적인 생활을 할 수 없는데, 이제는 50대 이하에서도 환자가 생긴다니 끔찍한 일이다. 나는 아직은 치매기가 없다고 확신하면서도 때로는 주춤하는 경우가 있다. 오래된 친구의 이름이 떠오르지 않아 헤매기도 하고 대화중이거나 글을 쓰던 중 잘 알고 있는 단어가 생각나지 않아 '혹시?' 하고는 긴장할 때가 있다.

자동차 키를 어디에 두었는지 기억하지 못하면 건망증이지만 키를 두고도 시동 거는 방법을 잊으면 치매확률이 높다고 했으나 노인들은 헷갈린다. 나는 몇 년째 매일 복용한 약을 오늘 먹었는지 생각이 나지 않아 당황하면서도 치매가 아닌 건망증이라고 자문자답하지만 찜찜해질 수밖에 없다.

노인들의 '치매와의 전쟁'은 이제 국가적인 과제가 됐다. 자신의 행동이나 언행에 어떤 전조증상이 나타나지 않을까 신경을 써야 한다.

나는 치매 예방책으로 나름대로 '지켜야 할일'을 마련, 지키고 있다. 잊어야 할 것은 빨리 잊어버리자. 불쾌하고 아쉬웠던 일이나 분노와 갈등이 쌓이면 화병이 된다. 화병(火病)은 모든 병의 씨가 되는 것이다. 글쓰기와 읽기, 하루 한 시간 이상 걷기와, 텃밭 가꾸기, 부담 없이 여행하기 등은 내 체질개선에 도움이 되는 것 같다.

오랫동안 치매로 고생하고 있는 선배가 끝내는 요양원으로 옮겨 갔다. 국가 정책기관에서 요직을 맡고 있던 선배다. 그는 현직에 있을 때 누적된 갈등과 스트레스, 책임감 등에서 벗어나지 못해 질환이 악화된 것 같다. 가족들은 본인이 처자를 전혀 알아보지 못하고 있어 더 비참하다고 했다. 오래된 병에는 가족도 고개를 돌리는 모양이다.

대한치매학회가 소개한 치매 예방책인 '진인사대천명'은 노인들에게 도움이 될 것 같다.

진- 진땀나게 운동하자. 안- 인정사정없이 금연하기. 사- 사회활동을 계속하면서, 대- 대뇌 활동(신문 읽기, 바둑 등)을, 천- 천박하게 술 마시지 말고, 명- 명(命)을 연장하는 습관, 기름진 육류, 과식 억제에 더 신경 쓰기 등이다.

미루어 왔던 치매예방 검진을 위해 보건소를 찾았다. 노인들이 차례를 기다리고 있으나 말이 없다. 걱정이 되는 모양이다. 검진은 의학적인 진찰이 아니고 인지기능을 확인하는 것이다. 나를 담당한 상담자는 말수가 적고 기계 같은 인상을 주어 분위기가 냉랭하다. 성명, 생년월일, 주소를 확인하고 본격적인 면담이 이어졌다. 두 자리 숫자의 더하기와 빼기, 시사성이 있는 문제 질문과 대담 등이 계속 되는 중 내가 먼저 이실직고 했다. 나는 평생 글을 썼고 현재는 또 다른 글쓰기를 하고 있는데 가끔 단어가 생각나지 않아 사전을 뒤지고 또 확인하는 경우가 늘어났다고, 최근 상황을 털어놨다. 나를 주시하던 담당자는 아직은 정상적이라고 판정하면서도 치매는 운 나쁜 사람만 걸리는 질환은 아니라고 충고(?)한다.

몸은 바쁘게, 머리는 천천히, 오늘 이 시간에 충실하자. 치매 진단을 마치고 돌아오는 길이다. 盡人事待天命.

월동준비

바람이 차다. 비바람에 시달린 낙엽이 쉴 곳을 찾아 방황한다. 겨울이 오는 소리다. 정기적인 일정이지만 병원에 가는 날은 스산하다. 날씨 탓만은 아닐 것이다.

채혈실을 거쳐 심전도, 혈압을 잰 후 주치의를 만났다.

"벌써 6개월이 됐습니까?"

의례적인 인사가 오고가지만 오늘 검사 결과는 별다른 이상이 없다니 마음이 놓인다.

"약은 종래같이 6개월 분 처방하겠습니다. 겨울엔 특별히 신경 쓰십시오."

진료실 밖에서는 벌써 두툼한 외투를 입은 노인들이 차례를 기다리고 있다. 처방전을 들고 단골 약방으로 간다. 몇 년 동안 계속 같은 약을 복용하고 있는데 부작용은 없느냐는 물음에 다른 답이 나온다. 어르신보다 더 많은 약을 드시는 분들도 많다고. 약은 독이라고 했는데 노인들은 약으로 살 수밖에 없는 것이다.

병원 휴게실에서 커피를 한 잔 시켜놓고 기다리던 중이었다. 주춤하던 노인이 자리를 같이 하면서 무엇인가 말 하고 싶은 사정이 있는 것 같다. 자신은 평생 농투성이란다. 60중반이 넘었을까. 서너 명이나 되는 자식들을 모두 '성가' 시키고 이제 살만했는데 아내가 죽을병에 걸렸다는 것이다. 아내의 위암 수술을 기다리고 있는 노인의 눈언저리가 촉촉해졌다. 창밖에는 겨울을 재촉하는 음습한 바람이 늙은 은행나무를 뒤흔들고 있다. 무엇인가 이야기해 주고 싶었으나 자신이 없어 기껏해야 "암 걸렸다고 다 죽는 것은 아닙니다." 하고는 입을 다물었다.

지난달 말에는 겨울 독감주사를 맞기 위해 보건소를 찾았다. 이른 시간인데도 벌써 많은 노인들이 순서를 기다리고 있었다. 윤기 없는 얼굴, 늘어진 어깨에 눌려있는 노인들, 더러는 귀에 보청기까지 끼고 있는 사람도 있다.

'100세 시대'가 됐다고 하지만 늙음은 말이 없다.

버킷리스트(bucket list)는 죽기 전에 꼭 '하고 싶은 일', 다짐하고 있는 목표를 말한다. 중세 유럽에서 유행했던 일이다. 자살하는 사람이 목에 밧줄을 감은 후에 발아래에 있는 양동이를 쳐버리는 행위에서 유래됐다고 한다.

1년 중 절반 이상이 눈, 비바람인 북유럽의 노인들은 특히 우울증으로 고통 받고 자살율도 높다고 했다. 북구의 겨울은 자살과 연관성이 있는 모양이다.

보건소 마당에서 주사를 기다리는 노인들의 모습이 마치 앙상한 나무들 같아 더 허전하다. 이번 주에도 겨울을 재촉하는 비가 내릴 것 같다는 기상대의 예보다. 보건소 입구에서 치매예방관리센터 직원들이 나누어준 소식지를 뒤적인다. 노인들의 기억력 정도를 점검하는 항목이 14개, 이중 5개 이상이 해당되면 치매 조기 검진을 하라고 권유하고 있다. '친한 사람의 이름을 자주 잊습니까? 사용하던 물건 둔 곳을 기억 못 합니까? 집 전화번호를 잊을 때도 있습니까?' 모든 항목이 나를 두고 한 질문 같아 시큰둥하면서도 일단은 고개를 흔들어댄다. 나에게 해당되는 사항은 하나도 없다고 억지 부려 본다. '늙으면 죽어라'는 어느 버릇없는 판사의 막말이 떠올라 쌍소리가 나올 뻔했다.

봄・여름・가을・겨울, 그리고 다시 오는 봄은 찬란한 자연의 순환이지만 생(生) 노(老) 병(炳) 사(死)는 인간으로서는 피할 수 없는 숙명이기에 사람들은 외로워한다. 눈바람이 몰아치던 날, 논바닥 썰매 얼음판 물웅덩이에 빠지고도 즐겁기만 했던 겨울도 있었다. 산다는 것은 희로애락의 연속이라고 위로해본다.

인생의 한파가 몰아치기 전에 월동 준비를 하는 계절이다.

사투리가 있는 풍경

내 고향 말투가 모호하고 굼뜨다고 한다.

사투리 이야기가 나오면 으레 본보기가 되는 예문은 충청도 사투리다

"아-버-지-돌-굴-러-와-유-." 끽.

이미 상황이 끝났다는 말이다

60년대 초 내가 군대생활 할 때 제일 많이 들었던 언어 폭력중 하나다.

사병들의 언행이 분명치 않고 우물쭈물하면 당장 너 충청도 X이냐 몰아치는 경우가 많았다.

우리나라 동쪽이나 북부 산악지대 사람들의 사투리는 악센트가 강하고 공격적이라는 생각을 한 적이 있다.

평지가 많은 서쪽 사람들의 사투리는 상냥스럽고 사근사근한 반면 중부지역인 내 고향 사람들의 말투는 어눌하다. 끊고 매듭이 없어 촌(村)스럽고 답답한 것이 사실이다. 말의 높고 낮음도 분명치 않아 때로는 오해를 받기도 하고 심지어는 충청도 사람들은 음흉하다는 말을 들은 적도 있다.

선거철이 되면 정치꾼들은 항상 내 고향에서 골탕을 먹는다고 불평했다.

내 편 네 편을 계산하는 투기장에서 유권자들은 시원하게 속내를 털어 놓지 않는다. 후보자가 열을 올려도 표정이 없고 오히려 시큰둥해 상황을 판단할 수 없다고 했다. 급한 일이 없다. 구태여 당장 Yes- No를 밝힐 필요가 없다는 것이다.

최근 정치판에서 밀고 당기던 '진실게임'에서도 충청도 말투가 뒷이야기가 됐다. 사안의 진상을 밝히라는 측의 공격에 당사자는 자기 고향 사람들의 말투를 원용, 변명(?)을 했다가 비난을 받기도 했다. 한때 특정지역의 사투리는 기피대상이 되기도 했고 반대로 힘의 상징이 되기도 했지만 순수한 토속적인 말투가 정략적인 수단이 될 수는 없는 것이다

사투리는 말 그대로 고향의 맛일 뿐이다.

어떤 사람이 휴가 중 충청도 지역을 통과하다가 봉변을 당했단다. 때마침 과일철이었던 모양이다. 노점에서 과일을 파는 여인과 사려는 손님 간에 값을 놓고 밀고 당기다가 의견이 맞

지 않아 흥정이 깨졌는데 뒤끝이 찜찜했다. 뒤돌아선 노점 아주머니의 말이다 .

"냅 둬 유. 돼지나 주 게 유."

가끔 들었던 충청도 사투리의 측면이다.

충청도 말투는 사교적이라거나 친밀감을 주기보다는 고집과 외곬이 우선이다.

현재의 VIP가 대통령 후보가 되기 전 당내 여성들과 점심을 함께했을 때 자문자답했다는 유머가 있다. 충청도 사람들에게 춤을 추자고 청할 때는 딱 한마디 '출껴?' 하면 서로 통한다는 것이다. 물론 분위기용 우습고 재미있는 조크지만 실감이 난다.

내 고향 말투는 갈 것이냐는 갈껴? 할 것이냐는 할껴?로 줄이는 경우도 있다.

충청도 사투리의 화법(話法)이 그렇다. 말의 절반은 접어들고 요지만 전달하는 것이다. 말의 행간을 찾아내라는 것이다

밀어를 주고받던 연인들이 다음 만날 약속을 했으나 아쉬웠던 모양이다.

서로 마주보고 한다는 것이 '재주 재주 만나유' 군소리 없이 딱 한마디로 의견을 전달한 것이다. 사랑의 표현 역시 절반을 접는 것이 충청도 말투다.

재경동창회장이 휴대전화 메시지로 모임 소식을 전했다.

'무사하시지유~, 꼭 만나유~.'

끈적한 고향 냄새가 난다.

친구는 서울에서만 50여 년 이상 살아 표준어에 익숙했는데 의도적으로 고향의 맛을 강조한 것이다. 문득 고향 사투리가 생각 난 모양이다.

사투리는 내 고향뿐만 아니라 서울 등 대도시나 지방 곳곳에 살아 뿌리를 내린 지 오래됐다.

사투리는 각자가 함께 살아온 습관이나 지형(地形), 생활양식이 다르기 때문에 그 지역에서만 통용되는 말의 가락이다. 희로애락(喜怒哀樂)이 그 속에 녹아 있고 삶의 흔적이 쌓여 있는 것이 사투리의 얼굴이다.

내 고향 사투리의 뿌리에는 사연이 있다고 한다.

충청도는 고구려·백제·신라 등 3국 경쟁시대에 전략지였다. 자고 나면 국경이 바뀌었다. 눈치 없이 잘난 척 설치다가는 목숨을 유지할 수 없었다는 것이 역사의 기록이다. 소침해진 사람들은 서두르지 않고 우물쭈물할 수밖에 없었을 것이다.

도시화와 교육 등으로 일정한 지역의 사투리는 언제인가는 없어질 것이라고 주장하는 이들이 있으나 나는 그렇게 생각하지 않는다.

나는 어렸을 때부터 사투리를 쓴 적이 거의 없으나 다른 지역 사람들은 내 몸에서 충청도 맛을 느낀 것 같다. 사투리는 살아있는 고향의 정(情)이며 체온이기 때문이다.

싱싱한 6월의 햇살이 사투리를 유혹하는 계절이다.

"고향에 한 번 다녀가유."

귀에 익은 속삭임이다. 약 빠르고 침울한 세상에서, 은근하고 끈끈한 고향의 사투리 한마디는 청량제가 될 것 같다.

머나먼 남국을 찾아

- 8박 9일-

유럽에서 가장 동양적인 정감을 풍기는 나라- 가끔은 마늘 냄새를 즐기고 적당히 수다스럽고 시끄럽다니 한 번은 가고 싶었다. 서부유럽 서쪽 이베리아 반도에 위치하고 있는 스페인은 한동안 아프리카에 가까운 황량한 불모지역이었다.

처음인데도 여권을 확인하는 둥 마는 둥 세관 절차가 간단해 오히려 어정쩡했다. 너무 흔한 관광객들에 지쳤는지 아니면 시에스타 시간(오후3시~5시)을 방해한 낯선 사람이 탐탁하지 않았는지 별로 신경을 쓰지 않는 것 같아 서둘 필요가 없었다.

스위스 북쪽 바젤에서 바로셀로나 easy-jet에 올랐다. 오래 전부터 유럽에서 인기라는 저가 비행기는 예약은 했으나 지정 좌석은 없다. 승차하는 순서대로 선택한 자리를 잡으면 된다.

빨간 부츠에 수수한 옷차림의 40대(?) 승무원은 승객들을 편안하게 했다.

바로셀로나의 상징인 성당- 싸그라다 파밀리아(iemlp dela Sagrada Familia)를 우선 찾았다. 아침 일찍 서둘렀으나 성당 입구 매표창구 앞에서는 오랫동안 기다려야 했다. 핸드백 등 소지품 검사가 의외로 까다롭다. 검은 안경을 쓴 경비원의 눈초리가 차가웠다.

성당의 건축은 한 세기가 흘렀으나 아직도 마무리를 못하고 있다. 신비스러운 기대와 천재 건축가 가우디(Antonio Gaudi Cornet)의 꿈과 혼이 숨 쉬고 있다는 유명세가 이 성당을 세계적인 명소로 만든 것 같다. 가우디의 작품은 모더니즘 건축의 선구자로 평가 받고 있다. 유럽에서 흔히 볼 수 있는 고딕 건축양식을 완전히 무시하고 있다. 창문 기둥 등 부분마다 땅과 나무, 풀과 곤충 등 눈에 보이는 자연형태에서 얻은 영감이 스며 있다. 기독교에 이슬람 풍을 가미한 현실주의 건축 양식을 구사한 것도 특징이다. 내부의 천장과 벽 사이 등에 틈을 내어 자연 채광한 예배당 분위기가 더욱 성스러웠다.

하늘 높이 솟아있는 4개의 벽돌색 탑은 들은 대로 세계에서 가장 큰 옥수수 조각 작품으로 동양적인 친밀감을 주었다. 선택했던 건축 자재와 축소된 모형을 비롯 최초의 설계도까지 별도로 진열하고 있는 자료실은 또 다른 관심을 끌었다. 인생은

짧고 예술은 영원하다고 했던가. 시간을 초월하고 있다

성당 외부 정면에 부조된 그리스도의 생애 앞에서는 계속 방문객의 사진기 플래쉬가 번쩍이고 있다. 기도하고 있는 노부부의 모습이 너무 경건해 나도 옷깃을 여몄다. 기도하는 마음. 신앙은 인간들의 영혼을 구원한다고 했다.

가우디가 자신의 후원자를 위해 신경을 써 건축했다는 구웰 저택은 축구장보다 더 넓은 운동장을 중심으로 야외 휴식 공간, 산책길, 기념관 등 잘 관리하고 있는 국립공원 같았다. 20여 년 전에 유네스코 세계문화 유산에 등재될 만했다.

바르셀로나는 문화와 예술의 도시다. 중심지 까딸루냐 광장 주변에는 잘 알려진 미술관, 음악당, 박물관이 즐비하다. 누구인가 이 광장을 두고 바르셀로나의 광화문이라고 불렀으나 나는 다른 생각이 들었다. 모두가 아끼던 수십 년 된 가로수 은행나무를 뽑아내고 잊을 만하면 성형 수술을 하고 있는 광화문 광장은 피곤하고 어지러울 뿐이다. 개성, 문화 등은 물론 역사의 숨소리마저 마구 뭉개버려 관광지인지 유원지인지 관가인지 알 수 없게 만들어낸 것 같다.

말라가(Malaga)로 향했다. 스페인 제일 남쪽 지중해 바닷가에 있는 아늑한 이 도시는 그라나다(Granada)로 가는 길 입구다. 유럽인들이 '죽기 전에 한 번은 가고 싶다'는 관광 휴양지는 스페인의 도시라기보다는 아랍의 어느 마을을 연상케 했다.

공항은 한적했다. 불경기까지 겹쳐 울상이다.

낯익은 광고문이 반겨준다. 'Led by Samsung' 삼성 TV에서는 이 나라를 들끓게 한다는 유럽지역의 축구 경기가 한창이다. 가는 곳마다 볼 수 있는 우리 상품의 광고는 더 이상 뉴스거리가 되지 못하지만 그래도 반갑다. 나도 밖에서는 틀림없이 애국자가 되고 있는 것이다.

별장 같은 모텔에서 여장을 풀었다. 옛날 스타일의 겉 창문을 젖히면 바로 넘실거리는 지중해가 손님을 맞이한다. 이슬람풍의 모텔은 여름철에는 임대용으로 방값이 웬만한 호텔보다 비싸지만 지금은 절반 이하로 바겐세일 중이란다. 해외에서 가족과 함께 맞이한 호사다.

시장기가 들었다. 모텔 지배인이 추천한 식당을 찾았다. 스페인의 '국민적인 음식'이라고 자랑하는 빠에야 맛이 궁금했다. 철판에 쌀, 해물이나 닭고기 등을 끓인 다음, 토마토, 붉은 파프리카, 양파, 마늘까지 가미해 식욕을 돋운다. 멋진 모자와 하얀 가운을 입고 요리하고 있는 주방장이 계속 수다를 떨어 우리도 함께 떠들었다.

포도주를 한 잔씩 들고 새삼스럽게 가족의 정을 나눈다. 지중해의 밤은 은은해지고 있다. 프랑스 사람들은 음식을 맛으로 즐긴다고 했다. 일본인들은 눈으로 먹는다고 했으나 스페인 사람들은 맛과 눈, 그리고 수다로 선택하는 것 같아 재미가 있다. 우리는 한때 양(量)으로 채운 적이 있었다.

그라나다 알함브라 궁전(Palacio de la Alhambra)은 유럽에 있는 이슬람 건축물의 걸작품이라고 했다. 아랍인들은 1300년 전 지브롤터 해협을 건너 이베리아 반도를 침공, 스페인의 남쪽을 점령했다.

스페인이 그라나다 왕국을 멸망시키기 전까지 700여 년 동안은 아랍 군주들의 저택이었다. 단 한 분의 승리자인 알라신이 머문 곳- 이슬람의 메카는 국토회복운동을 거쳐 스페인이 다시 찾은 영광스러운 성지다. 해발 740m나 되는 곳에 위치한 그라나다는 기독교와 이슬람 문화가 융합돼 있는 복합도시로 승자와 패자의 희비가 엇갈리고 있다.

궁전은 멀리서 언뜻 보이기에는 숲속에 묻혀있는 조용한 기도원 같았다. 엄숙해 보이던 안내원은 생각보다 친절했다. 가로수에 아직도 매달려 있는 올리브와 오렌지는 먹을 수는 없고 관광용이라고 설명해준다. 궁전 내부에 들어서는 순간 아라비안나이트 천일야화가 들리는 것 같았다. 날씬한 기둥과 아치형으로 디자인된 구조는 환상적이다.

오랜 세월에 퇴색했으나 모자이크 꽃무늬 벽의 다채로운 질감과 장식에는 수백 년 동안 이어졌던 아랍인의 열기가 꿈틀거리고 있었다. 심장부인 아라야네스의 안뜰에는 아직도 패자의 눈물이 마르지 않은 것 같아 애잔함을 느꼈다.

황량한 사막지대의 유러인(아랍인)이 유럽의 남단 스페인의 땅을 탐냈던 이유를 나름대로 알 것 같았다. 실내 분수대와 왕비가 목욕을 즐겼다는 아늑한 공간은 에로틱한 분위기를 살리고 있다. 왕관의 여인이 품어내던 색정이 잠겨 있는 것 같아 나도 모르게 멈춘다.

그라나다 궁전은 단순한 저택이 아니었다. 글자 그대로 요새다. 본전을 둘러싸고 있는 위엄 있는 건축물, 방향을 잊을 정도로 복잡한 미로는 요지경 속이다. 외부의 공격에 대비, 구축한 높은 성벽은 역사의 이끼에 덮여 너무 거창하고 장엄했다.

수도 마드리드(Madrid)는 투병중이다. 빨간 2층 버스를 타고 시내를 관광 중에 길이 막혔다. 데모 대열이다. '500만 명이 넘는 실업자, 나눠먹기 복지', 심각한 재정위기에 나라가 흔들린다고 했다. 한국 특파원들이 전했던 뉴스(2011년 12월)다. 노조는 무조건 임금 동결을 반대하고 젊은이들은 공부도 일도 싫고 정부를 믿지 못한다고 했다. 그리스를 강타한 태풍(국가 부도)이 수도에 상륙중이라는 어두운 소식이다. 일그러진 스페인의 오늘을 본다.

스페인은 너무 오랫동안 지쳤다. 로마, 게르만족, 아랍 등 주변의 강국들에 수없이 짓밟혔고 잔인하게 고문당했다. 독립은 했으나 비극은 끝나지 않았다. 3년 동안 형제끼리 죽고 죽인 이념 전쟁은 몸과 마음도 초토화 시켰다. 우리의 모습과 너무 비슷해 연민의 정을 느낀다. '종은 누구를 위해 울리는가' 스페인의 내전에 종군했던 헤밍웨이의 독백은 오랫동안 슬픈 여운을 남겼다. 종전이 되어도 고달팠다. 36년 동안 폭정에 시달린 대중은 민주화를 서둘렀으나 정착하지 못하고 방황했다. 세상을 구제하겠다고 바위덩어리(풍차)에 달걀을 던졌던 고독한 이상주의자 돈키호테와 엉뚱했지만 현실적이었던 산초의 후예들은 길을 찾지 못했다.

먹거리의 저녁 8시. 사람은 없고 관광객들만 설친다고 했다. 식당문은 열었으나 소문난 음식점은 1시간 만에 만원사례다. 먹고 마시는 빌딩 선술집을 찾았다. 우리의 5일장 같이 사람들이 흘러넘친다. 낯익은 어깨들과 서로 비비고 눈인사를 나눈다. 맥주 거품에 그동안의 여정을 되새김질 해본다. 노래방도 키스방도 없는 밤은 술이 사람을 잡아먹는 주폭들의 행패도 보이지 않았고 고성방가도 들리지 않아 신기했다.

한 번은 꼭 발을 담그고 싶다는 짙은 소금물- 지중해는 유럽에서도 먼 나라이지만 뜨거운 태양은 예술과 정열 그리고 고독을 유혹했다.

아포리즘(경구)의 선구자 세르반테스가 유럽의 꽃이라고 예찬했던 나라, 고야, 달리 등 20세기의 거장들이 미칠 수밖에 없었다. 오페라 「카르멘」, 「피가로의 결혼」 등 열정의 원천은 하늘과 땅, 그리고 바다였을 것이다. 한때는 무적함대가 깃발을 날리면서 지구의 한 부분을 호령했다. 콜럼버스가 세상을 뒤집었던 스페인은 건강을 회복할지 끝내 침몰할지 말이 없다.

김화백 덕분에 몇 시간 발을 질질 끌면서도 이름난 미술관을 지나칠 수 없었다. 프라도 미술관(museo del prado)은 스페인의 보석함이다. 중세에서 20세기까지 이 나라를 통치했던 군주들이 아끼던 작품이 수천점이나 전시돼 있다니 문외한인 나도 입이 벌어졌다. 쉽게 볼 수 없는 궁정 화가인 벨라스케스의 궁정시녀들(Las Meninas)과 고야의 「나체의 마하(Maja desnuda)」, 「아들을 잡아먹는 사트르누스(Saturnus)」 등은 쉽게 만나기 어려운 거장들의 혼이 담겨 있는 명작이라고 했다.

4월~10월까지 철이 지나 투우경기를 볼 수 없었으나 아쉬울 것은 없었다. 투우게임은 인간들의 잔인한 놀이라는 것이 나의 주장이지만 스페인 사람들의 생각은 달랐다. 투우는 철학이며 인생이다. 지혜와 위기, 삶과 죽음이 있는 성스러운 문화행사라고 했다.

언론에서도 관련 뉴스는 스포츠 면이 아닌 문화면에서 다룬다고 했다.

항상 주말을 빼앗기는 축구과부들은 남편을 풀어달라고 외치고 있으나 매번 거부당한다고 했다. 경기가 있는 주말에는 상가 등은 아예 문을 닫고 TV 앞이나 경기장에서 발광치는 사람들이 더 늘어난다고 했다.

나폴레옹은 프랑스와 국경지인 피레네 산맥 남쪽 스페인 땅은 야만인들이 살고 있는 지방이라고 천대했다지만 북쪽 유럽인들은 항상 동경의 대상이었다. 추운 눈비에 시달리는 그들에게 지중해의 태양은 신기루였다.

여행 가방을 챙기는 시간이다. 열정적인 삶, 설움과 죽음이 춤추는 플라멩코 음률이 멀리서 흐느끼는 것 같았다. 벨트를 조이고 비행기 창문 덮개를 내린다. 언제인가는 다시 찾고 싶은 스페인이 점점 멀어지고 있었다.

망원동의 추억

음산한 밤이다. 흙탕물에 할퀸 어둠이 기진맥진 진저리친다.

마룻바닥에 켜놓은 촛불도 지친 것 같다. 동네는 한낮이 되기도 전에 완전히 침수됐다고 했다. 시간당 200여㎜나 되는 물폭탄이 난도질, 수도는 순식간에 수도(水道)가 된 것이다. 주민들은 몸서리쳤다. 양동이로 퍼부었다고도 했고 하늘이 미쳐 뻥 구멍이 뚫렸다고도 했다.

결혼 후 처음 맞는 휴가였다. 장마가 씻어낸 계곡은 투명했고 숲은 점점 짙어졌다. 마음도 몸도 들떴다. 아침 일찍부터 문장대(속리산) 등산을 서두르는 중, 후드득 빗방울이 날렸으나 지나가는 소낙비려니 하면서도 휴대용 라디오를 찾았다.

"다행히 인명피해는 없고 이재민들은 인근 학교로 대피시켰습니다."

망원동 수해 현장을 전하는 속보다.

배낭을 둘러메고 곤두박질 내달았다. 서울-속리산 시외버스는 이미 두절됐고 깜깜했다. 3시간 길을 하루 종일 돌고 돌아 오후 늦게 서울에 도착했으나 마을은 입구부터 출입금지다. 뒤늦게 달려와 밀고 당기는 수재민들, 단 하루 몇 시간 앞을 내다보지 못한 군상들 가운데 내 얼굴이 보였다. 멍멍한 밤이 깊어지면서 아우성치던 사람들은 한 명, 두 명씩 흩어졌다.

집을 지켜주시던 어머니는 손녀를 껴안고 고모 집으로 대피하셨고 초조했던 아내도 뒤늦게 피난시켰다. 처음부터 직업근성을 부릴 생각은 없었으나 초조했다. 무엇인가 할 일이 있는 것 같았다. 난생처음으로 마련한 '보금자리'가 수마에 시달리고 있는 것이다.

사람이 사는 집도 숨 쉬는 생물이라고 했는데 마냥 기다릴 수는 없다. 침수지역을 돌아보는 순시선(?)은 시간마다 휴식한다. 한강에서 동원했다는 2인용 낚시 쪽배는 피해 주민은 물론 일반인들도 이용할 수 없다. 인명구조가 우선이고 좀도둑 예방과 위험지역 순시가 필수다.

경비요원을 밀치고 일단 쪽배에 올랐다.

"취재기자입니다."

꺼림칙한 표정이었으나 입을 다물었다.

침울한 밤이 뒤뚱거린다. 의심을 풀지 못하고 노를 짓고 있는 감시원, 자기 집 쪽으로 길을 안내하고 있는 수재민 사이에 엇갈린 침묵이 흘렀다. 자동차 길은 수로가 됐다. 낮은 지역 집들은 겨우 지붕만 내밀고 익사 직전이다. 허리가 꺾인 전봇대는 휘청거린다.

물벼락을 맞은 마을은 지하 공동묘지가 됐다. 칠흑 같은 밤이 용틀임을 친다. 전깃줄에 매달려 있는 바람은 귀신의 신음 같아 닭살이 돋는다. 흙탕물에 잠겨있는 동네는 곡(哭)하는 소리에 찢어지고 있다. 이럴 수가 있나. 출렁이는 쪽배에서 뛰어내린 순간 가슴까지 잠겨 섬뜩했다. 물 압력으로 철제문을 열 수가 없어 담장으로 기어오르자 당황한 수방원이 아우성을 쳤으나 들리지 않았다. 여기는 내 집일 뿐이다.

쓰다 남은 연탄이 분탕질을 해 손바닥만한 마당과 지하실은 검은 풀장이 됐다. 망원동 개발지역에 새로 조성된 주택단지는 흙을 쌓아 올려 평지보다 1미터 이상 더 높았다. 3개의 현관 계단까지 기어오른 흙탕물은 마루나 방까지는 쳐들어오지 못해 그나마 천만 다행이다.

70년대 들어서 바람이 불었다. 큰 업체는 중동 건설현장으로 뛰었고 중소업자들은 변두리 땅을 탐냈다. 망원동 일대에 들어선 '비둘기 집'은 눈길을 끌었다. 구획정리가 잘 된 택지에 선 반듯한 집들은 20여 평 안팎인데 교통사정들도 괜찮아 젊은이들을 유혹했다. 아파트는 인기가 없었다. 여러 명이 함께 사는 공동주택은 우리에게 익숙하지 않았다.

얼마 전에 일어난 와우산(홍대 뒤) '사건'도 찜찜했다. 돌산 비탈에 세운 아파트가 부실 건축으로 무너진 것이다. 두 사람 중 한 명은 집이 없고 반지하 방도 아쉬울 때다.

자리를 잡고 결혼을 한 다음 젊은이들의 꿈은 내 집 마련이다.

밤이 깊어 갈수록 점점 축축해졌다. 침수 지역의 단수, 단전은 필수다. 어리벙벙한 시간이 또 꿀렁인다. 한강수계 -충주, 소양강, 팔당 등 큰 댐의 수문을 모두 열어 놓았다는 뉴스다. 댐 붕괴를 막기 위한 조치란다. 스포츠 경기를 중계하듯 설치는 라디오가 야속했다.

한강 수위가 점점 높아질 것이다. 마루 앞에서 널름거리던 물귀신이 신바람이 난 것 같아 불안했다. 안방 장롱 아래 서랍을 빼내 높은 자리로 옮겼다. 신문 쪽지에 펜으로 그려 현관문 아래에 붙여 놓고 있다. 수마가 어디까지 쳐들어 올 것인가 따지고 있는 것이다. 얼치기의 장난 같아 피식 바람이 샜으나 그럴 수밖에 없었다.

새벽 4시다. 한강 수위가 더 이상은 높아지지 않고 강물이 빠지는 것 같아 한숨 돌린다. 기쁨·노여움·슬픔·즐거움은 나만의 감정은 아닐 터인데 허전해진다.

경사가 이어졌었다. 결혼 후 셋방 신세를 면했고 한 달 전에는 집들이 겸 첫딸 돌잔치도 했다. 기쁜 일에는 마귀가 끼어들어 헤살을 부린다더니 잔인한 밤이었다.

망원동 수재는 인재였다. 부실한 인간들이 저지른 죄악이다.

장마철에 대비 종합적인 대책을 끝냈다고 했으나 말뿐이었다. 집중 폭우로 한강 수위가 높아졌으나 손을 쓸 수가 없었다. 둑 아래 있는 유수지 펌프는 고장이 났고 고인 물을 내보내는 수문도 부실 공사로 떠내려갔다. 역류된 한강물이 마을을 덮친 것이다. 근처에는 닭이나 개를 키우는 집들이 여러 채 있다. 동네를 감고 흐르는 개천 물은 오염된 지 오래됐다.

신촌, 서교동, 동교동, 합정동 일대에서 쏟아내는 오수는 망원동 유수지로 모였다. 끔직한 일이다. 천재냐 인재냐 아옹다옹했으나 진실은 있었다. 재판을 거쳐 피해 주민들이 보상을 받기까지는 몇 년이 걸렸다. 72년 8월말의 악몽은 쉽게 지워지지 않았다.

관(官)은 침수지역은 당분간 건축 허가를 내주지 않는다고 했다. 이사를 오는 사람도 없고 거래도 묶였다. 억울한 것은 수재민들뿐이다.

망원동 수해가 뉴스거리가 되자 84년 여름 물난리 직후에는 김일성 '수령님'이 위로품을 보내 이야깃거리가 됐으나 긴가민가 속내는 알 수 없었다. '북한쌀'은 이산가족들에게 애착이 갔으나 옷 천의 질은 우리 50년대 수준 정도였다.

망원동 사람들은 오명을 씻고 상처를 치유했다. 똥물이 고여 있던 유수지는 잔디로 덮였다. 축구장 등 각종 운동시설이 들어섰다. 복개를 한 개천가 주변에는 고층 아파트가 자리를 잡았다. 망원동 한강변 수영장과 요트장은 잘 알려진 휴식공간이 됐다.

장마철이면 가끔 망원동이 떠오른다. 추억은 살아있는 사람들의 이야기다.

양반을 기다리며

태백, 사북 지방을 거쳐 정선에 들렀을 때 일이다.

마침 5일 장날이라 시장판은 여전히 시끌시끌했으나 처음이 아니기에 대충 기웃거리고는 인근 공원을 찾았다.

공원은 한적했지만 눈길을 끌었다. 유별나게 처음 찾는 방문객의 신분을 확인한 후에는 특별한 증명서를 발행한다는 것이다. 호기심이 꿈틀거렸다.

주민등록증, 회사신분증, 정부기관 출입증, 운전면허증 등 살면서 항상 이런저런 증(證)에 얽매였으나 뜻밖의 일이다.

양반증서　　　　白承國

위 사람은 정선군 아라리촌을 방문 현지 교육을 통하여 양반의 신분증을 득하였기에 증서를 드립니다.

0월 0일 아라리 촌장

정선의 마음이라고 했다. 유머가 있고 애교가 넘친다.

정선읍 애산리 560 아라리촌은 민속촌이다.

양반은 문관이든 무관이든 사족(士族)을 높여 부르는 말로 선비정신을 상징하고 있다. 양반의 덕은 학문이며 맑음이다. 겸소하고 정(正)과 사(邪)를 구분할 수 있는 인격체다.

양반은 글만 쓰는 선비가 있고 현실에 참여하는 대부(大夫)가 있으나 조선후기 박지원(1737~1805)의 눈에 비친 세상은 반드시 그렇지는 않았다. 못된 양반들은 양민을 괴롭히고 착취를 일삼았으며 매관매직, 권모술수에 능했다. 지체가 낮은 어느 부자는 죽기 전에 한 번은 양반이 되고 싶었단다.

우선 무능한 양반의 나라 빚(관곡)을 대신 갚아주고는 그 대가로 양반증서를 획득했다. 인신매매 증서는 고을의 원님이 공인한 신분증이다. 하지만 시간이 지나면서 심사가 틀렸다. 양반되기를 포기한 것이다. 양반들은 별것이 아니었다. 무위도식 명분만 내세우고 입만 벌리면 족보와 삼강오륜을 따졌다. 부덕하고 패거리를 짓고 교활했다. 자기만족에 도취, 거드름을 피우고 허욕과 위선 덩어리였을 뿐이다.

탈을 썼던 양반의 비아냥거림은 끝이 없다.

"에이 더러운 양반, 양반하더니 양반이라는 것이 한 푼 값어치도 못 되는 구려." 원성이 높았다. 더러운 양반이 설친 모양이다.

『목민심서』에서 정약용은 탐관오리는 '가마솥에 넣고 삶아야 한다'고 했다. 썩은 양반들의 행패 뿌리를 뽑기 위해 팽형(烹形)으로 다룰 수밖에 없었다.

양반의 품성은 청렴한 공덕(功德)과 수신(修身), 자기 관리가 우선이다. 이 시대의 대표적인 신 양반들은 사(士)-사(事)-사(使)-사(師) 패찰을 달고 부와 힘, 명예를 거머쥔 이들이 아닐까?

선과 악, 죄를 다루고 옳고 그름을 고발하고 억울한 민(民)을 감싸 주는 게 양반들이 지켜야 할 권리와 의무임에 틀림없다.

그리스신화에서 제우스는 인간들에게 두 가지의 선물을 주었다. 정의와 염치, 예나 이제나 타락한 양반들이 세상을 더럽히는 것 같다.

뇌물과 상납, 부정, 타협, 이기심과 탐욕, 성희롱, 부도덕, 유전무죄 등 끔찍하다. 겁나게 귀하신 어느 양반님은 진상품으로 몸 덩어리를 거래하다가 쇠고랑을 찼단다.

붉은 벽돌집 담장을 오르내리던 어느 양심은 억대의 뇌물을 주고받고도 그것은 '사랑의 징표'라고 했다던가.

정의의 제복도 마찬가지다. 막말, 억지, 궤변과 편견, 행패 등 민망스럽다. '늙으면 죽으라'고 하기도 했고, 출근길 지하철에서 성(性)을 탐내다가 망신을 당하기도 했다. 이웃과 다투다 심기가 뒤틀리자 상대방의 차 타이어를 펑크를 낸 '어른'도 있다.

히포크라테스의 선서가 애석하고 허준이 통곡한다. 천사의 가운을 입은 의술이 돈으로 둔갑한다. 영생, 천당과 지옥을 가려 인간의 영혼을 구원하고 있다는 어느 성스러운 예복은 속(俗)에 빠져 집안싸움이 한창 중이라고 한다.

조선시대의 사헌부는 나라의 기강을 확립하는 감사, 감찰 기관이며 파수꾼이다. 수장인 대사헌의 가슴과 등에는 해치 문양을 새겨 놓았다. 해치는 상상의 동물이지만 선과 악을 구별하는 정의를 상징하고 있다. 이 시대의 신양반들의 제복에도 해치 문양을 수놓아 주고 싶다.

- 양반은 양반다워야 하고 지배층은 지배층다워야 한다.
- 양반은 야비한 일을 딱 끊고 예를 본받아 뜻을 고상하게 할 것이며
- 입으로 구차스러움을 남에게 말하지 아니하고
- 떳떳해야 하며
- 화가 나더라도 성을 내지 말고
- 민을 우롱하지 말 것이며
- 더워도 버선을 벗지 말고
- 돈을 가지고 놀음을 하지 말 것이며
- 공(公)과 사(私)를 가리고
- 모든 품행이 양반 신분에 어긋남이 없어야 한다.

아라리 촌장의 회초리가 매섭다.

나는 그리고 너는 '양반인가 쌍놈'인가. 정성스럽게 가꾸어온 잔디정원도 몇 포기의 독초가 망칠 수 있다.

새해에는 청청한 양반의 목소리를 듣고 싶다.

난쟁이 이웃사람 얼굴

만화박물관을 찾은 것은 '지지 않는 꽃- 앙코르 전'을 보기 위해서다. 전시작품은 프랑스 앙굴렘에서 열린 국제 만화축제(1월 30일~2월 2일)에서 선보인 우리 작가들의 만화와 애니메이션이다. 모두 24점, 100컷이나 되는 작품은 일본군 위안부들의 참상을 만화로 풀어낸 한(恨) 많은 할머니들의 이야기다. 차분히 가라앉아있는 전시장 관람객들은 말을 잊었다. 어디선가 가끔 젖은 한숨소리가 들렸다. 작품 앞에서 돌부처마냥 표정이 굳어 있는 70대 할아버지도 침울했다. 사연이 있는 것 같아 보였으나 아는 척하지는 않았다. 어쩌면 지우고 싶은 상처를 건드릴까 조심스러웠다.

작품을 일일이 설명할 필요가 없었다. 절망, 고통, 그리움, 잔악성, 조직적인 성폭행 등 말하지 않고 말했고, 그리지 않고 가슴으로 말했다. '14세 소녀의 봄', '지지 않는 꽃', '끝나지 않는 길', '70년 동안의 악몽', '비밀', '나비의 노래', '그래도 희망'….

작품 '오리발 니뽄도' 앞에서 다시 걸음을 멈추었다. 일본군 군홧발에 짓밟힌 10대 소녀들은 진저리쳤다. 독사마냥 대가리를 쳐들고 '차례'를 기다리고 있는 승냥이들 앞에서 조선의 소녀들은 더 이상 버티질 못했다. 항복했던 패자는 막말을 하고 '가까운 이웃'의 할머니 가슴에 피맺힌 멍은 여전히 삭혀지지 않고 있다. 파리현지 국제 만화전시회에 앞서 프랑크 볼드 조직위원장은 위안부 문제는 그동안 감춰온 역사를 알리는 것일 뿐 정치와는 관계가 없다고 밝혔으나 탈을 쓴 이웃은 오리발을 내밀었다.

'위안부의 강제동원은 없었다, 한국작품전시를 중지하라, 심지어 일본은 앞으로 국제 만화축제 지원을 중단 하겠다'고도 협박했단다. 일본은 이미 프랑스 만화시장을 30% 이상 점령하고 있어 발언권이 강하다고 했다. 역사를 훔치고도 뻔뻔스러운 또 다른 이웃의 얼굴이 떠올랐다. 반성문을 쓸 줄 모르는 사람들, 간교하고 교만한 모습이다.

70년대 초 일본에 갔을 때는 그들이 너무 당당해 충격을 받았다. 해외출장이 처음인 데다가 간 곳은 서먹한 동경이다. 느끼고 듣고 보는 것마다 서툴렀고 긴장했다. 잘사는 일본이 부러워 나도 모르게 작아지고 있는 자신을 발견, 몸을 움츠리기도 했다. 동경역 앞길은 도로 공사 중이라 행인들이 이리저리 어수선했다. 고함소리가 들렸다. 단말마의 비명이다. 살풀이 굿이다. 1인 데모를 하고 있는 패잔병의 얼굴에는 살기가 돌았다. 입고 있는 '대일본제국'의 낡은 군복은 추레했으나 가슴에는 광택을 낸 수십 개의 훈장을 매달고 있다. 한쪽에는 긴 총검 끝에 매달린 대형 일장기를, 다른 손 주먹은 하늘을 찌르고 있다. '덴노헤이카(천황폐하) 만세, 덴노헤이카 만세' 행인들의 반응도 두려웠다. 지나치는 이들도 있었으나 손을 흔들어 주거나 박수를 쳐주는 자들이 적지 않았다. 진주만을 습격했던 그날의 '영광'을 품고 있는 일본의 숨어있는 얼굴을 보고 소름이 끼쳤다. 해방 직후 어른들이 걱정했던 말이 있다. '소련에 속지 말고, 미국을 믿지 말고, 왜놈들은 도망치고 있으나 언제인가는 또 쳐들어 올 것'이라고 했다.

출장을 끝내고 돌아온 후에도 일장기만 보면 동경역 앞에서 외치던 패잔병의 영상이 떠올라 꺼림칙했다. 일본은 먼 나라, 불편한 이웃이다. 주한 일본대사관이 내걸고 있는 일장기는 여전히 기세를 높이고 있다.

2011년 일본은 지옥이었다. 대지진과 쓰나미, 죽음의 방사능 사고 등 섬나라는 아수라장이 됐다. 가까운 이웃은 자신의 일같이 걱정하고 서둘렀다. 성금도 모으고 구조대를 보냈다. 언론도 흥분했다. 재해현장을 중계하고 모금운동까지 벌였다. 하지만 돌아온 화답은 '역사 지우기'였다. 다시 본색을 드러낸 것이다. 독도는 일본 땅이다. 새학기부터 공급키로 한 11가지 교과서 내용을 개편키로 했다. 뿌리부터 진실을 바꾸겠다는 치밀한 계교다. 다케시마(독도의 일본이름)는 원래 일본의 영토인데 한국이 불법으로 점거하고 있다고 되풀이 했다. 가미가제의 후예들은 섬사람의 기질을 버리지 않았다.

일본의 토종견인 '유메'는 야성이 강하고 공격적이라고 했다. 냄새를 잘 맡고 교활해 먹이를 가진 사람 앞에서는 우선 꼬리를 친다는 이야기도 들었다. 고이드미 전 일본 총리는 언제인가 미국 부시 대통령 앞에서 재롱을 피웠단다.

"글로리, 글로리 할렐루야."

속셈은 알 수 없으나 일본의 얼굴은 역시 그랬다. 지난 연말 야스쿠니(情國神社)를 참배했던 아베 일본 총리는 돌격명령을 내렸다. 또 니뽄도를 휘둘고 역사 바꾸기에 앞장서고 있다.

'위안부를 동원하지 않았다. 다케시마의 날 행사를 지원하자, 독도는 일본이 지켜야 할 땅이다.'

이제는 언론까지 동원하고 있다. NHK일본 방송은 자칭 공정한 보도의 상징이라고 자랑하고 있으나 최근 회장 자리를 하사받은 인물은 또 망언을 했다. 전쟁터에서는 항상 위안부가 있었다고 했다. 총검으로 위협 전쟁터에 끌려간 피해자를 자발적으로 응해 몸을 팔던 거리의 여자들과 똑같다고 억지 부리고 있다. 짐승들은 역사의 흑백을 구별할 수 있는 능력이 없다고 했다.

출장 중에 우연히 일본인들이 자랑하고 있는 가정교육의 원칙을 들은 적이 있다. 미국부모들은 자녀들이 사귀고 있는 친구 숫자를 따지고 한국 어머니들은 학교 시험성적을 챙긴다고 했으나, 일본은 이웃을 먼저 걱정하다고 했다. 우월감이다. 학교에서 돌아온 자식을 살핀다. 오늘 친구나 선생님을 괴롭히지는 않았느냐고 확인했단다. 일본인의 생활 철학을 화(和)라고 했다. 화는 이웃과의 합(合)을 의미하는 것이지만 그들이 참회록을 썼다는 이야기를 들은 적은 없다.

전 세계를 감동시켰던 빌리부란트 옛 서독 총리는 70년대 폴란드를 방문했다. 나치정권은 전쟁 중에 수백만 명의 폴란드인들을 학살했다. 피해당한 나라를 찾은 서독 총리는 그들이 저지른 죄악을 반성하기 위해 우선적으로 희생자 추모비 앞에서 무릎을 꿇었다. 질척질척 비가 내렸으나 우산도 쓰지 않았다. 가슴속에서 우러나는 반성문을 쓰고 있는 가해자의 자세를 확인한 피해자들은 가슴을 풀고 점점 용서키로 했다고 전했다. 용기 있는 정치인의 자세에 세계는 박수를 쳤다. '무릎을 꿇은 것은 한 사람이나 일어난 것은 독일전체'라는 명언을 남겼다.

앙코르 전에서 카메라를 들고 있는 젊은이가 다가왔다. 작품을 돌아본 기분을 듣고 싶단다. 자신은 젊은이들을 상대로 한 인터넷 뉴스 기자라고 했다. 나는 앙코르 작품전을 부천에서만 아니라 전국적으로 순회했으면 좋겠다고 했다. 특히 분바르고 역사를 바꾸기 위해 성형수술하고 있는 일본의 얼굴을 다시 확인시켜주는 것이 필요하다고 했다. 한마디 덧붙였다. 국내뿐만 아니라 일본군의 만행을 제대로 모르고 있는 나라에서도 진상을 알려주고 싶다고 했으나 무엇인가 허전하고 답답했다. 돌아오는 발길이 무거워졌다. 평생 노략질하는 나쁜 사람들 난쟁이 이웃에 살고 있다는 것은 불행한 일이다.

쉽게 읽을 수 없는 패(覇)

충칭(重慶)은 무직한 인상을 준다.

무덥고 습한 날씨 탓만은 아니다.

중국 남서부- 쓰촨(四川)성, 경제 문화의 중심이며 중공업지역인 충칭은 '입구'부터 스산했다. 공항은 썰렁했고 세관원은 굳어있다. 여행자의 가방을 뒤지는 워치덕(Watchdog) 셰퍼드(Shepherd)만 서두른다. 당장 마약 덩어리라도 찾아내겠다는 심사인가 뒤지고 또 뒤진다.

도시는 만원이다. 양쯔강과 자일강 일대 돌산을 밀어내리고 조성했다는 하항에는 3천 2백만 명이 집중돼 있다. 우리의 수도권 인구보다 1천만 명이 더 많은 숫자다. 낮게는 30층, 높게는 50층이나 되는 아파트 군이 도심을 짓누르고 있다.

기우 -고대 중국 기(杞)나라 사람들의 망상- 나는 하늘이 무너질까 움찔했다. 옛날에는 중국은 바로 인해전술이며 떼놈(되놈)이라고 부른 적도 있다.

초면 상견인데 나쁜 생각이 떠올라 미안했으나 그런대로 이유가 있을 것이다. 알게 모르게 배어있던 심상(心想)이 고개를 든 것이다.

상가 점포는 물론 상호와 간판 역시 침울하다.

돌출 간판은 허락하지 않고 요지경 속 같은 우리 도시의 분위기와는 비교할 수 없다. 규격화됐고 획일화된 도시의 표정이다.

유일하게 노란원색 바탕에 눈을 끈 간판은 은행이다. 그것도 'BANK' 원어 그대로 표기하고 있다.

'비단 장수 왕서방'의 후예들은 달러를 유혹하고 있음에 틀림없다. 속셈이 들여다보였으나 상술만은 평가할 수밖에 없다. 두 개의 탈을 쓴 지 수십 년 됐다. '흰 고양이'든 '검은 고양이'든 따질 필요가 없다. 쥐만 잡으면 된다고 했다.

인민대례당(지방의회) 정문에서 펄럭이고 있는 붉은 오성기가 설명하고 있다.

정치는 정치고, 경제는 경제다.

축구장만한 인민광장에는 이동 좌판 여인들이 관광객을 따라다닌다. 대추, 가을을 팔고 있는 중이다. 만만디(慢慢的)는 실종됐다. 분주하고 시끄럽고 재촉한다. 벤츠 등 고급 승용차가 도심지를 누빈다. 단 몇 초를 기다리지 못하고 꼬리에 꼬리를 문다. 놀라웠다. 중국 평균 1인당 GDP는 5천 달러 안팎이라는데 세계적인 브랜드가 한 지방 도시에서 춤을 추고 있는 것이다. 알다가도 모를 일이다.

충칭은 처음이지만 심적으로는 구면이다.

자유중국- 장개석, 김구 선생- 상해 그리고 충칭. 귀에 익은 '이웃'이다. 대한민국 임시정부 지도자들은 3·1운동 이후 상해에서 항일 기지를 닦았으나 오래 가지 못했다.

윤봉길 의거(1932년) 이후 다시 찾은 곳은 동중국에서 내륙으로 2천여 ㎞ 떨어져 있는 충칭이다. 임시정부 27년 투쟁기간 중 가장 활발하게 활동했던 지역이다.

청사는 초라했다. 1층 사무실은 서너 평은 될까- 정면에는 김구 선생 두상이 자리 잡고 있다. 뒷 벽면에는 당시 활동을 보도했던 신문기사 스크랩과 단체사진 몇 장이 진열돼 있을 뿐이다. 퇴색된 역사의 얼굴- 모두 다 외롭다.

박사보다는 선생에 더 친밀감이 든 적이 있다. 정치가와 혁명가의 길은 체질적으로 다르다는 사실을 알게 될 때까지는 시간이 걸렸다.

방명록 장을 넘겼다.

'가신 님들의 뜻을 가슴 깊이 간직하고 있습니다. 2012년 9월 ○○○' - 소원은 오로지 독립이었다.

'나의 소원은 독립이요, 두 번째도, 세 번째도 내 소원은 독립이요.' 백범의 꿈이 충칭 어느 뒷길에서 메아리치고 있었다.

날씨는 맑았다. 4월~10월은 장마철이라고 했으나 햇살이 비치니 다행이다. 밤에도 기온은 섭씨 30도를 넘는다.

아련 공원, 'ELING PARK' 영어 팻말이 눈길을 끈다.

공원은 장개석의 둘째 부인인 송미령의 개인 저택이었으나 이제는 노인들의 휴식처가 됐단다.

평일 아침인데 벌써 흐느적거린다. 상설무대에서는 노래 부르고 춤추고 여유가 있다. 피아노, 아코디언 연주가 흥을 돋운다. 느티나무 아래 벤치는 투기 오락장이다. 장기, 바둑, 마작, 카드놀이가 한창이다. 우울한 도심지와는 달리 별천지다. 퇴직한 당원이나 그들의 가족이 단골손님이라고 했다.

후미진 구석에서 쓰레기통을 뒤지는 사람이 보였다. 초라하고 지쳤다. 거대한 '중화'가 시달린다. 빈부 격차의 골이 깊어진다. 상위 1%가 부(富)의 41%를 차지하고 있다는 통계다. 최빈곤층이 5천만 명이 된다니 두렵다.

'폭발 직전 상태 - 부서지기 쉬운 강대국'이라는 잡음이 들린다. '함께 일하고 같이 소유하고 나눈다'는 사회의 또 다른 일그러진 얼굴이다.

먹고, 즐기고 쉬는 여행의 3락 중 으뜸은 식(食)이다. 비행기 자동차, 네 발 달린 책상을 제외하고는 모두가 먹을거리라고 했으나 호기심은 순간이었다. 관광객의 식탁에 오른 먹을거리는 통일됐다. 찾은 식당마다 돼지, 닭, 오리 등 고기류와 생선, 국수, 만두 등 면류, 안남쌀밥, 채소 등이다.

중국 관광객들은 한국에서는 '먹을 만한 음식'이 없다고 불평했다지만 나는 다른 걱정(?)을 했다.

항생제가 범벅된 닭고기, 생선 속에 숨어있는 납덩어리, 바퀴벌레가 아니면 쥐 튀김 등등- 갑자기 입맛이 달아나기도 했다.

듣던 대로 본토에서는 우리식 짜장면은 먹을 수 없었다. 짜장면의 원조는 중국 산동성의 토속 음식인 '짜장멘'이라고 했다. 이제는 우리의 '국민음식'이 돼 하루에 800그릇이나 팔린다.

호텔을 찾는 중국의 젊은이들은 멋쟁이다.

옷차림이나 씀씀이가 유행에 뒤지지 않았다. 활달하고 쾌활했다. 가끔은 버터 냄새도 났다. 별이 5개나 되는 고급(?) 호텔 손님의 대부분은 20~30대. 나라 안 젊은 관광객들이다.

더러는 방에서 신는 슬리퍼를 질질 끌고 돌아다니고 식탁 앞에서 담배를 피우는 철면피도 보였다. '선진'까지는 시간이 더 걸릴 것 같다. 호떡집에 불이 났는가. 엘리베이터 안은 가끔 응접실이 된다.

모두가 왕(王)이다. 나만 있고 너는 없다.

많을수록 좋다(人多好)던 중국은 한 자녀 갖기 정책 이후 많은 '소황제'를 만들어 냈다. 버릇없는 젊은이들- 응석받이 2~3세가 늘어나는 것이다. 남의 일만은 아니다. 비난할 처지가 못

돼 씁쓸할 뿐이다.

2500여 년 전 소크라테스가 이미 탄식했다. '요즘 젊은이들은 버릇이 없다고.'

산은 높고 계곡은 깊다.

충칭이 자랑하는 대표적인 관광지 무릉계곡은 깊이가 1000m나 된다. 기기묘묘한 바위 덩어리, 으스스한 골짜기를 자랑한다. 아직도 유비의 후손들이 살고 있다고 했다.

삼국지의 격전지 -적벽대전의 현장- 장강은 여전히 유유히 흐르고 있을 뿐 세상을 호령했던 인걸은 간 곳이 없다.

계곡의 대표적인 볼거리 천생삼교는 '인류가 남겨준 최고의 보물'이라고 자랑한다. 국가 A-A-A-A급 지하 공원이다. 중국식 허풍(?)기가 풍겼으나 기이한 경관임에는 틀림없다.

동굴 속에 동굴이 있고 돌다리 위에 다리가 있다. 하나의 협곡에 두 개의 갱, 세 개의 다리, 네 개의 크고 작은 동굴, 다섯 개의 샘(泉) 등이 자랑거리다. 숲이 빈약하고 쉴 곳도 없고 골짜기 물은 먹을 수도 손발을 씻을 수도 없어 아쉬웠다. 지질이 석회암으로 돼있어 물은 우윳빛이다.

충칭을 떠나기 전날 안마소에서 몸을 풀었다.

한국인들이 자주 찾는 모양이다. 중국 10대 소녀들은 스스럼이 없다. 가끔 팔다리를 주무르다가 '아파?' 하고는 저희들끼리 까르르 웃어 댄다. 서비스 대가는 1인당 1달러, 우리 돈 1천원도 고마워한다.

주마간산, 대강대강 보고 지나친 여행이었으나 느낌은 깊었다.

털어놓고 속내를 내보일 수도 없고 그렇다고 등을 돌릴 수도 없는 '이웃', 중국은 포커페이스(poker face)였다.

쉽게 패를 읽을 수 없다. 많은 사람들이 중국을 잘 안다고 했지만 중국을 진짜 아는 사람은 드물다고 했다.

모래 바람, 황사가 몰아치고 독(毒)스모그가 우리를 괴롭힌다. 분장한 인해전술은 이미 깊숙이 펼쳐졌다.

또 다른 '가깝고도 먼 이웃'의 여운은 오래될 것이다.

왕자가 끌려가던 날

- 단상

별수 없이 소심해진다. 때 묻은 나이테 때문인가. 흐르는 시간 앞에서 나도 기가 꺾인 모양이다.

얼마 전 말썽만 피우던 고물차를 폐차 했을 때도 그랬다.

덜커덩~덜커덩 폐차용 지게차에 매달린 왕자(Prince)의 모습이 너무 초라해 보였다.

왕자는 20여 년 동안 나와 동행해온 승용차의 애칭이다.

폐차가 이번이 처음은 아니다.

첫 인연을 맺었던 조랑말(Pony)은 교통사고로 대로상에서 횡사, 2년 만에 강제로 헤어졌다.

초보운전은 80년대 초부터다.

두 번 낙방하고 세 번째 겨우 운전면허를 받고는 도로교육은 아예 무시했다. 초년병이 저지르는 시행착오는 '병가상사'일 뿐, 교만해졌다. 젊음은 하늘은 높고 길은 확 트여 있다고 고집했다.

그날따라 침울했다.

함께 격려하고 고생한 후배가 사표를 던진 것이다. 통폐합으로 언론은 성한 곳이 없고 상처투성이가 됐다. 웃으면서 냉랭한 분위기는 더 간교했고 갈등은 깊어 갔다. 그 흔한 힐링이나 멘토는 실종됐다. 입은 다물어졌고 눈은 감고 귀는 들리지 않았다. 저녁 회식 때 한두 번 소주잔을 주고받았으나 분위기는 여전히 가라앉았다. 후배는 '쟁이'가 싫어졌단다.

늦은 밤 진눈깨비가 내렸으나 차를 끌고 가기로 했다. 주벽이나 변명은 아니었다. 허전해진 자신을 다독이고 싶었을 뿐이다. 운전대를 잡으면 무엇인가 탈출구가 보일 것 같았다.

사고는 종로경찰서 정문 앞 3호선 전철공사 현장에서 벌어졌다. 도로 위에는 공사용 철판까지 덮어 낮에도 신경이 쓰이던 곳이다.

우지끈 꽈당. 차 앞 유리가 박살났다. 흉기가 된 파편이 온몸을 뒤엎었다. 핸들에 엎드렸던 초보 운전자는 혼비백산 방향감각을 잃었다.

내 차는 앞 엔진부분이, 들이 받힌 차는 뒷자리가 참혹하게 뭉개졌다. 그나마 심하게 다친 사람이 없어 다행이었으나, 3중 추돌에 음주운전이다. 달리는 도로 위는 인간내면의 축소판이라고 한 말은 나를 두고 한 것 같다.

보험처리로 겨우 수습됐으나 추가 비용이 만만치 않아 결국 중상을 입은 조랑말과는 헤어질 수밖에 없었다. 좋은 인연이 악연으로 끝난 것이다.

삶의 여정도 그런 것 같다. 밀고 당기고 기쁨과 놀라움, 즐거움과 슬픔, 만났다가 헤어지는 것이 사람 사는 모양이다.

얼마 전 폐차를 한 왕자는 처음부터 말썽을 부린 것은 아니다. 폐차 3~4년 전부터다. 오랜만에 고향을 다녀오던 길이다. 중부 내륙고속도로 서울쪽 출구 앞이다. 고속도로 입, 출구는 항상 어수선하다. 통행요금을 정산하는 중이었다. 왕자가 꿀럭꿀럭 시동이 꺼지더니 아예 길바닥에 주저앉는 것이다.

뒤차들은 아우성이고 왕자는 요지부동이다. 순시교통은 물론 지게차까지 동원, 위기는 면했으나 끔찍한 일이다.

왕자는 점점 심통을 부리기 시작했다. 얼굴은 멀쩡했으나 속으로는 골병이 든 것 같았다. 세월에 지친 것이다. 어떨 때는 운전 중 핸들이 신장대 같이 춤을 추었고 고갯길에서 브레이크가 엉뚱한 짓을 해 아찔한 경우도 있었다. 끝내는 왕자가 매사에 자신이 없어지고 시들해졌다. 인심도 바뀌었다. 서비스센터를 찾을 때면 수리보다는 이 기회에 새 차로 바꾸라고만 했다. 왕자의 몸값은 단돈 40만원, 고철 값이란다.

나이듦이 거추장스러워졌다.

이순이 되면서 기력이 달리고 다시 10년이 지나더니 이제는 총명도 흐려지고 있다. 늙음은 피할 수 없는 계절풍이지만 그림자가 주는 징표는 외로움이며 가슴앓이로 남고 있다.

과민해진다. 사람이든 차든 상품성이 떨어진 존재는 폐차장으로 끌려 갈 수밖에 없다. 폐인- 폐차- 폐품- 폐가- 폐업- 폐허가 주는 상징은 버림당한다는 것이다.

나이를 먹어야 세상을 깨닫는다고 했다. 맞는 말이지만 막상 그때가 오면 나이는 더 이상 필수품이 아니다. 순진하고 단순했던 어린이로 돌아가고 싶다.

밤이 깊어지고 있으나 마음만은 아직도 푸르다. 노욕이나 몽상만은 아니다. 오늘도 살아있음을 확인하고 싶은 것이다.

'삶은 그 자체가 복'이라고 했다. 생(生)을 긍정적으로 생각한 니체의 독백이다.

끌려간 왕자는 더 이상 마음에 두지 말고, 버릴 것은 버리기로 했다.

또 새벽이 온다.

새로운 이야기의 시작

- 백인정 조각전(Cubespace, 2010.11.24~11.30)

작품은 그동안과는 달리 어떤 틈새(gap)에 끼어 흔들린 것 같다는 느낌을 주었다. 작가는 대학원 졸업 이후인 1999년에서 2007년까지는 기하학적 추상형태의 거대한 대작을 보여주었다. 작품은 차가운 느낌을 주었고 스케일 있는 작품이었다. 재료도 시멘트, 철, 석고 등 무겁고 견고한 것을 선택했다.

그러나 이번 작품에서는 '자기만의 방'에서 꿈틀거리고 있는 삶에 대한 솔직하고 진솔한 얘기를 말하고 있다. 환경이 바뀌고 있음을 받아들이지만 갈등하고 있다. 현실 앞에서 때로는 방황하고 좌절한다. 그것은 예술과 보통의 삶에서 오는 고뇌(ANXIETY)의 산물일 게다.

작품 '왕관-태몽 이야기'에서 얘기한다. 찬란한 왕관을 만들었다. 그리고는 넓은 창공을 날고 싶다. 주렁주렁 번쩍거리는 보석 덩어리가 매달려 있는 영국 엘리자베스 여왕이 쓴 그런 왕관 같은 것 말이다. 그러나 이번에는 삶을 창작하면서 지혜롭고 소박한 왕관을 만들었다. 소재는 황동인데 옛날 유치원에서 도화지로 만들었던 방식을 활용했다. 왕관 끝에 달려있는 7개의 보석은 동대문 시장에서 찾아낸 자연석 알맹이다. 자신의 정체성(Identity)을 묻고 있다. 30여 개의 작은 그림은 태몽 얘기와 관련 '귀한 존재'가 되고 싶다는 마음을 전하고 있다.

이수정(대전 시립미술관 학예 연구사) 평론가의 입을 빌리면 작가는 한 여성작가로서 벗어날 수 없는 자신 앞에서 당황했으나 분명히 출구를 찾고 있다. 작가는 예술가 이전에 밥순이로 전락(?)한 것 같다고 방황하고 있으나 언제인가는 탈출하겠다고 다짐하고 있다. 작품 '작가의 책상'이나 '내 책상 위의 섬'에서 느낀 감정이다.

작가의 책상 위에 올려 있는 것들은 아기의 젖병을 비롯, 밥그릇, 약병 등이다. 거창한 것은 하나도 없다. 그러면서도 탈출구를 찾겠다는 신념은 변함이 없다. 책상 다리에 붙어있는 검정 기러기 털이 말하고 있다. 한 단계 더 높이 날 수 있다고 다짐한다.

아내기능, 아이 키우기. 넉넉하지 못한 그동안의 푸념은 핑계이며 남 탓하기, 자기를 합리화한 변명일 뿐이다. 자신의 몸

집 만큼 손아귀에 느낄 수 있는 '작은 방'과 선택한 책상이 있으면 충분하다. 책상을 만들고 물감을 칠한다. 분홍 색상은 자기만의 공간을 말한다. 그 위에 올려있는 것은 작지만 야물다. '작가의 책상Ⅲ'에서 보인 작품이다.

작가의 작품 재료는 돌, 나무, 브론즈 등 전통적인 것과 각종 플라스틱과 비물질적인 것들이다. 빛, 물, 소리, 미디어적인 비디오, TV, 컴퓨터 등도 재료가 된다.

작품은 추상과 구상이 함께 공존하고 있다. 나는 작가의 전시장에서 항상 묻고 있다. 로뎅(19C 모더니즘 작가)의 '생각하는 사람'이나 르네상스 시대의 미켈란젤로의 인체모습과는 익숙했다. 아주 옛날 미술시간이나 서양사에서 보고 들었기 때문이다. 공작시간에 만들었던 개, 소, 돼지 등이나 무덤에서 나오는 토우 같은 것 역시 쉽게 알아볼 수 있다. 그러나 추상작품이나 전위예술가의 작품과는 낯설다. 특히 마르셀 뒤쌍(화가, 조각가, 설치미술가)의 '샘'(변기로 된 작품) 같은 작품이 대표적이다. 심통을 피우는 것 같기도 하고 괴이한 용기 같다. 기성 작품에 대한 반발이라고 설명하고 있으나 잘 이해하기까지는 시간이 필요할 것 같다.

작품 '수장된 아침식사'는 겨우 시간을 쪼개내서 정성스럽게 아침상을 내놓았으나 남편은 별로 신경을 써주지 않는 것 같다. 끝내는 밥상을 물 속에 잠겨버린다. 개인의 감정을 솔직하게 표현하고 있다. 여름휴가 때 다녀왔던 해운대 바다의 모래를 사용했다. TV작품인 '한밤의 조력자-My best friend television'도 타협하면서 방황했다. 이제 겨우 한 달이 지난 분신인 아기는 밤새도록 울어댄다. 초조하게 아기를 끌어안고 있으나 자신이 할 수 있는 일은 TV를 바라보는 것뿐이다. 볼륨은 0으로 고정시켜 논다. 이럴 때면 자신이 동굴 속에 갇혀 있는 것 같다고 했다. 여유가 있다고 거드름 피우는 동창의 모습이 자신을 할퀸다. 예술과 젊음, 그리고는 한 잔의 포도주를 나누며 꿈을 그리던 시간이 언제였던가 희미했단다. 아기의 울음소리에 깜짝 놀라 자신과 아기를 함께 보듬어 안고는 다음 작품을 그리고 있었다고 했다. 한 단계 더 성숙해지고 있는 것이다. 자기만의 길을 찾아내기로 했다.

작품 'Where is my island?'는 스스로 발견한 외딴 섬이다. 높은 곳 이상적인 곳에 있는 나만의 세계를 의미한다고 했다.

전시작품에 대한 스승들의 평가는 두 얼굴이다. 솔직하고 편안하다. 이상과 현실 사이에서 헤매다가 새로운 빛을 찾아냈다고 격려했단다. 인간-작가의 모습을 다시 확인, 삶속으로 파고들고 있는 성숙한 작가모습에 기대한다는 것이 하나의 지적이다. 다른 하나는 작품 활동은 단지 개인의 주변에 얽매여 있을 수만은 없다. 더 생각하고 포기하지 않는 정신적인 이상이 뒤따라야 한다는 지적이다.

작가의 소리도 있다. 그동안 대작을 하면서는 힘과 능력이 있는 평론가의 의견을 선호했으나 이제는 자신의 예술성과 철학성을 인정해주는 청초한 선배가 좋아졌다고 했다. 예술은 거창한 Basic ground에서만 탄생하는 것은 아니라는 주장이다. 그 오기에 박수를 치고 싶다. 나는 일곱 번째 전시장을 또 찾아 작가의 나이테를 확인할 것이다.

오동도에서

비가 내린 것 같다.

바다는 아직도 칙칙했다. 권선생의 극성으로 시간 맞추어 일정 버스를 찾았으나 운전기사는 자고 있는 모양이다.

수필의 날 행사 둘째 날 새벽이다.

몸이 찌뿌둥하고 하품이 났다. 새벽 2시가 넘어서 자리에 누웠으나 잠이 오지 않는다. 코고는 소리가 고장 난 발동기 같다. 새벽 3시가 되면서부터 부스럭부스럭 수선을 피우던 룸메이트에 질렸다.

첫째 날 행사는 시간에 쫓겼으나 그런대로 끝낸 것 같다. 저녁을 먹고 숙소인 오동도펜션을 찾았으나 방안에서 TV나 보고 앉아 있기에는 아쉬웠다.

아름다운 항 오동도의 밤을 쐬자. 택시 기사를 구슬러 한 대에 5명이 비볐다. 시간이 꽤 지나서 내려준 곳은 도심지였다. 인원 초과에 고마워 택시요금 이외에 약간의 웃돈을 주었으나 시큰둥했다. 엑스포 - 국제적인 행사를 끝냈다는 자긍심에 입맛이 바뀐 것인지 아니면 우리가 짠돌이로 보였는지 얼굴이 찌그러졌다.

오동도의 중심지는 춤을 추고 있다. 질주하는 자동차 대열, 네온사인 불빛 아래서 흐느적거리는 젊은이들, 명동이고 압구정일 뿐이다.

뱃고동 소리커녕 바닷가의 비린내도 맛볼 수 없다. 어리벙벙하던 끝에 허술한 생맥주 집을 찾았으나 분위기가 서먹서먹해 얼마 되지 않아 자리를 옮겼다. 숙소 부근에 있는 편의점이 더 편할 것 같았다.

다시 글(수필)을 생각한다. 김회장을 비롯 최근 인도 여행기를 쓴 작가, 오랜만에 자리를 같이한 동료의 세상사는 이야기 등 - 오동도의 밤은 익어 갔다.

수필의 날 덕분에 여수까지 오길 잘했다는 생각을 해본다. 수필 강의를 들은 지 오래됐다. 나는 수필은 누구나 쓸 수 있는 작문이라고 치부했다. '붓 가는 대로 쓰는' 심심풀이였을 뿐이다. 앞선 사람들이 주입한 선입견 때문일 것이다. 강의를 하는 교수들이나 칼질 잘하는 평론가들은 한결같이 21세기는 '수필시대'라고 목소리를 높였으나 정말 그럴까 생각했을 뿐이다.

60년대까지는 중앙신문의 신춘작품 모집 광고에 반드시 수필이 끼어있었으나 언제부터인가 푸대접을 받고 있다.

시인이나 소설가는 문학을 하는 사람이지만 수필가는 써도 그만 안 써도 되는 사람들이라고 폄하했다.

운전면허를 받고 난 후 몇 년은 자신이 자랑스럽다. 기회만 있으면 빵빵거리고 달리고 싶지만 시간이 지날수록 운전이 무서워진다. 최소 1톤(1000kg)의 쇳덩어리가 달리고 있다는 사실을 알게 되면 차는 흉기가 되는 것이다. 운전대를 잡으면 겁이 난다. 겸손하고 조심스럽다.

한때 내가 생각하고 있던 수필에 대한 평가였다. 그것은 바로 초보자의 교만이었을 것이다.

신문기자는 24시간 마감시간(deadline)에 쫓긴다. 잠을 자다가도 식사 중에도 뛰어야한다. 허튼소리를 잘하던 어떤 후배는 마감시간만 없으면 기자도 해볼 만한 직업이라고 푸념을 한 적이 있었다. 할 일이 없어서 심심풀이로 글을 쓰기만 해도 수필이 된다면 얼마나 재미가 있을까 생각한 적도 있다.

어느 중견 작가는 글을 쓴다는 것은 중노동이라고 했고 또 다른 이는 글쓰기는 자신의 고통을 기록하는 직업이라고도 했다.

자신의 작품은 '쓸쓸하고 비루한 생활의 일부이길' 바란다고 절규한 작가(라우센버그)도 있다. 수필도 마찬가지이다. 누구나 떠들 수 있는 수다나 수려한 말 잔치상이 작품일 수는 없다.

수필은 진솔한 삶의 한 부분이라고 했다. 녹아들어 명품을 만들어 내는 작업이다.

수필이 문학이 되기 위해서는 독자의 가슴속으로 파고들어 가야 될 것이다. 고뇌(Sympathy)가 없는 글, 수필을 읽고 싶은 독자는 없을 것이다.

나는 단 한 편의 수필을 쓰면서도 땀을 흘린다. 어떨 때는 제목이 잘 떠오르지 않아 방황하고 때로는 글의 맥이 연결되지 않아 끙끙거리기도 한다. 원고지를 수없이 찢어버리고 쓰다만 글을 팽개치는 일도 여러 번이다.

수필 강의를 들은 지 1년 만에 등단한 어느 수필가의 목소리가 들렸다. 수필, 별 것 아니고 등단도 생각보다 쉽다고 했단다. 박리다매 - 바겐세일 상품이 명품이 될 수는 없을 것이다. 알게 모르게 자신의 글집을 보내 주는 작가들이 늘어났다. 그럴 때면 나는 읽고 싶은 글, 다시 찾아보는 수필집이길 기다린다.

2012년 제12회 수필의 날이 던지고 있는 과제는 '수필의 역사를 짓다'였다. 역사는 하루아침에 이루어지지 않을 것이다.

오동도의 하룻밤, 수필을 다시 생각게 했다. 순천만 산책길 한 귀퉁이를 돌아본 후에 수필쟁이들과 헤어졌다.

오랜만에 찾아온 '따뜻한 남쪽나라'가 눈앞이다. 해남 땅 끝에서 보길도행 배에 올랐다. 수십 대의 승용차를 태운 여객선에는 뒤늦은 피서객들이 붐빈다. 객실에서 나와 2층으로 갔다. 옆에 서 있던 꼬마가 신바람이 났다. - 야 - 바다다 - 나는 바다가 좋다 - 그런데 왜 갈매기는 보이지 않지 - 갈매기도 시끄러운 인간들이 보기 싫어 조용한 섬으로 휴가를 갔다고 말해줄까 하다가 그만 두었다.

외로운 사람은 섬으로 가라고 했다. 가는 길 - 오는 길 어디엔가는 오래 간직하고 싶은 마음이 있을 것이다. 붉게 물든 석양에는 어제와 오늘이 그리고 수필이 있을 것이다.

연극 '학고대 마을 사람들'

문인들이 출현한 연극 '하꼬대 마을 사람들'(전옥주 작. 임선빈 연출)은 고향을 잃고 헤매는 실향민 2세들의 애환을 담은 이야기다.

하꼬대 마을은 실향민들이 모여 살고 있는 상상의 도시 학고대(鶴苦待)다. 마을에서 눈을 돌리면 고향인 사리원으로 가는 녹슨 경의선 선로가 놓여 있다.

무대는 스산하다. 낡은 손수레에 걸려 있는 고구마 굽는 드럼통은 달리지 못하는 토막 기차를 연상하고 있으나 말이 없다.

막이 오른다. 기다리다. 지친 50대 철마상회 주인은 횡설수설 몽유병 환자같이 헤맨다.

"음…. 그렇지, 간다, 간다. 아… 하하, 잘도 달린다."

꿈속에서 가는 고향 길 사리원은 험난하기만 하다. 실향민 아버지의 소망을 이루기 위해 기관사가 되고 싶었으나 꿈을 이루지 못하고 어느 날 학고대 마을을 찾았다. 잠꼬대는 계속된다. "다음 내리실 역은 사리원, 사리원 역입니다…. 관객은 어느새 자신도 고향을 잃고 방황하는 실향민이 되고 있다.

하꼬대 마을의 실향민, 등산객들이 어울려 가게 앞에서 피난 이야기를 주고받는다. 흥남 철수 때 남하한 이야기며 치열했던 장진호 전투 이야기며 이런 저런 이야기를 나누다가 중공군들 틈에서 살아난 자신들을 대견해 한다. 인천 상륙작전과 서울 수복을 생각할 때는 함께 신바람이 난다. 실향민들은 모두가 형제같이 함께 안타까워하고 분노하고 서로를 격려해준다.

가계주인은 또 실향민 부모생각이 난다. 아버지가 항상 사리원은 서울역에서 200㎞, 개성역까지는 75㎞밖에 안된다며 하꼬대 마을을 지나는 열차를 타고 개성- 사리원- 신의주- 만주- 블라디보스토크- 시베리아를 지나 동백림까지 함께 가자고 했단다.

실향민들은 고향 이야기를 하다 보니 가슴이 후련해졌다며 통일되는 날까지는 건강하게 살자고 서로 다짐한다.

통일은 이제 이 땅에 살아있는 모두의 화두가 되고 있다. 초등학교 때부터 외치던 '통일'은 여전히 대답이 없다. 때로는 모른척하고 외면하기도 했던 통일은 이제 모두의 관심사가 됐다. 사람들은 현실을 걱정하면서도 고향이야기를 하다 보니 가슴이 후련해졌다고 한다. 이번 문인극에 출현한 작가들은 한결같이 애절한 사연이 있다.

어느 시인은 통일이 되면 제일 먼저 벽제공원에 모신 부모님을 고향 조상의 묘 곁에 모시겠다고 다짐하고 있다. 아버지(고인) 고향이 황해도 해주인 한 수필가는 우선 아버지가 남겨준 주소명단을 정리하기로 했단다.

통일은 선택이 아니고 필수란다. 실향민인 소설가는 통일을 방해하는 이는 바로 민족의 반역자로 규탄 받을 것이라고 외친다.

조선일보가 벌이고 있는 '통일 나눔 펀드' 기부자가 두 달 만에 10만 명을 돌파했다고 한다. 단체, 기업체, 언론사, 99세 어르신, 심지어 탈북한 합창단원 등 모두가 통일을 염원하고 있다. 통일을 갈구하는 기도소리는 두 시간 동안 이어졌다. 300여 관객 얼굴에는 상기된 표정이 역력했다.